Eric de Beukelaer

Homélies d'un jeune Curé

Eric de Beukelaer

Homélies d'un jeune Curé

Année B: Le cycle saint Marc

Éditions Croix du Salut

Impressum / Mentions légales
Bibliografische Information der Deutschen Nationalbibliothek: Die Deutsche Nationalbibliothek verzeichnet diese Publikation in der Deutschen Nationalbibliografie; detaillierte bibliografische Daten sind im Internet über http://dnb.d-nb.de abrufbar.
Alle in diesem Buch genannten Marken und Produktnamen unterliegen warenzeichen-, marken- oder patentrechtlichem Schutz bzw. sind Warenzeichen oder eingetragene Warenzeichen der jeweiligen Inhaber. Die Wiedergabe von Marken, Produktnamen, Gebrauchsnamen, Handelsnamen, Warenbezeichnungen u.s.w. in diesem Werk berechtigt auch ohne besondere Kennzeichnung nicht zu der Annahme, dass solche Namen im Sinne der Warenzeichen- und Markenschutzgesetzgebung als frei zu betrachten wären und daher von jedermann benutzt werden dürften.

Information bibliographique publiée par la Deutsche Nationalbibliothek: La Deutsche Nationalbibliothek inscrit cette publication à la Deutsche Nationalbibliografie; des données bibliographiques détaillées sont disponibles sur internet à l'adresse http://dnb.d-nb.de.
Toutes marques et noms de produits mentionnés dans ce livre demeurent sous la protection des marques, des marques déposées et des brevets, et sont des marques ou des marques déposées de leurs détenteurs respectifs. L'utilisation des marques, noms de produits, noms communs, noms commerciaux, descriptions de produits, etc, même sans qu'ils soient mentionnés de façon particulière dans ce livre ne signifie en aucune façon que ces noms peuvent être utilisés sans restriction à l'égard de la législation pour la protection des marques et des marques déposées et pourraient donc être utilisés par quiconque.

Coverbild / Photo de couverture: www.ingimage.com

Verlag / Editeur:
Éditions Croix du Salut
ist ein Imprint der / est une marque déposée de
AV Akademikerverlag GmbH & Co. KG
Heinrich-Böcking-Str. 6-8, 66121 Saarbrücken, Deutschland / Allemagne
Email: info@editions-croix.com

Herstellung: siehe letzte Seite /
Impression: voir la dernière page
ISBN: 978-3-8416-9835-3

Copyright / Droit d'auteur © 2013 AV Akademikerverlag GmbH & Co. KG
Alle Rechte vorbehalten. / Tous droits réservés. Saarbrücken 2013

Homélies d'un jeune Curé

Année B (1996-1997): Le cycle saint Marc

Abbé Eric de BEUKELAER

Préface

La première paroisse d'un jeune Curé le marque pour la vie. J'ai été ordonné au service du diocèse de Liège en 1991. A l'époque, j'étais encore aux études (Rome et puis Münster), mais fus nommé Vicaire en paroisse pour le temps des vacances. Il s'agissait de la paroisse Saint-Hubert du Sart-Tilman, dans les faubourgs sud de Liège. L'endroit accueille l'université. Il s'agit donc d'une paroisse plutôt intellectuelle, qui comptait à l'époque près de 5000 habitants.

L'abbé Charles Paquot, mon Curé, était fort différent de moi, mais un lien de confiance mutuelle fit en sorte que collaborions avec bonheur. En 1995, un cancer l'emporta. Il vécut sa maladie et son agonie au sein de sa paroisse. Ce n'était pas un grand mystique, mais il donna, durant ses derniers mois, un témoignage fort de sa foi en la résurrection.

A son décès, j'avais achevé mes études et – à 32 ans – fus nommé Curé de la paroisse. Ceci dura jusqu'en 1998, date à laquelle l'évêque me demanda de me consacrer à l'enseignement au Séminaire épiscopal de Liège.

A l'exception de quelques homélies de 1993, la plupart des sermons ici publiés ont été prononcés alors que j'étais Curé de la paroisse – soit entre 1995 et 1998. Mon style est direct et oral. Je prêche donc en général sans papier. Cependant, des paroissiens plus âgés me signalèrent que j'avais le débit vocal rapide et qu'il était parfois difficile de me suivre. J'ai donc commencé à écrire mes prédications, afin qu'elles soient distribuées après l'office.

A mon départ de la paroisse, ces textes furent rassemblés. Le tout fut vendu au profit de la Conférence Saint-Vincent de Paul de la paroisse. Celle-ci fait un travail remarquable au service de nos frères les plus démunis. Il était normal que les droits d'auteur de la présente édition leur soient, une fois de plus, réservés.

Je remercie les éditions « Croix du Salut » de proposer une édition officielle de ces homélies de jeunesse. En les relisant avec plus de 15 années de distance, j'y retrouve la fraicheur de mes premières années de prêtrise. Quelle différence par rapport à aujourd'hui ? Après avoir été responsable de séminaire et porte-parole des évêques, je suis désormais Curé-doyen du centre de Liège. Ma prédication a sans doute gagné en expérience ce qu'elle a perdu en fougue. Mais fondamentalement, je ne pense pas avoir changé. Cette première expérience de Curé de paroisse fut donc fondatrice pour moi, comme pour tant d'autres de mes confrères. J'en rends grâce à Dieu et je remercie tous ces paroissiens qui furent mes compagnons de route. Certains ont déjà rejoint la Maison du Père. Je continue à les porter dans la prière et me confie à la leur, afin qu'aujourd'hui encore, dans ma prédication ce soit l'Esprit qui puisse souffler à travers mes humaines paroles.

Volume 2e:

Ce deuxième volume reprend les homélies que je prononçai à la paroisse Saint-Hubert du Sart-Tilman au cours de l'année pastorale 1996-1997. Il s'agissait d'une année liturgique avec l'Evangile selon saint Marc à commenter la plupart des dimanches (année liturgique "B"). Cet évangéliste accentue le salut que le Christ procure en nous aimant jusqu'à la croix. Comme dans le précédant volume, certains dimanches n'ont pas d'homélie. J'étais sans doute absent et me fis remplacer par un confrère.

Certains me demandent comme je prépare une homélie. Ma méthode n'a pas varié. Je lis l'Evangile dès le lundi et le laisse résonner dans mon cœur. Souvent, un événement de la semaine éclaire la Parole de Dieu. J'y vois un coup de pouce de l'Esprit et l'anecdote se retrouve dans ma prédication.

Abbé Eric de BEUKELAER – août 2012

Table des Matières

Préface..2
Homélies prononcées pendant l'année liturgique B, Evangile selon saint Marc........................6
    Le Temps de l'Avent: Attendre Dieu..6
        La Nativité de Notre Seigneur Jésus-Christ. (24-25 décembre 1996)..........................6
    Le Temps après Noël..8
        Dimanche de la Sainte Famille. (28-29 décembre 1996)...8
        L'Epiphanie du Seigneur. (4-5 janvier 1997)..10
        Le Baptême du Seigneur. (11-12 janvier 1997)..12
        Dimanche de la Présentation du Seigneur au Temple. (12 février 1997)..................14
        Cinquième dimanche. (8-9 février 1997)..16
    Le Temps de Carême: Cheminer vers Dieu..18
        Premier dimanche de Carême. (15-16 février 1997)..18
        Deuxième dimanche de Carême. (22-23 février 1997)..20
        Troisième dimanche de Carême. (1-2 mars 1997)..22
        Quatrième dimanche de Carême. (8-9 mars 1997)..24
        Cinquième dimanche de Carême. (15-16 mars 1997)...26
    La Semaine Sainte: Dieu partage nos souffrances et notre mort......................................28
        Jeudi Saint: Mémoire de la Cène. (27 mars 1997)...28
        Vendredi Saint: La Passion du Seigneur. (28 mars 1997)...30
    Pâques: Un Dieu de Vie...31
        Vigile et Résurrection du Seigneur. (29-30 mars 1997)...31
    Temps après Pâques..33
        Deuxième dimanche de Pâques. (5-6 avril 1997)...33
        Troisième dimanche de Pâques. (12-13 avril 1997)...35
        Quatrième dimanche de Pâques. (26-27 avril 1997)..37
        Sixième dimanche de Pâques. (3-4 mai 1997)...39
        Septième dimanche de Pâques: Célébration des Professions de Foi......................41
        (10-11 mai 1997)...41
    La Pentecôte: Dieu nous envoie Son Esprit..43
        Dimanche de Pentecôte. (17-18 mai 1997)...43
    Les fêtes de Dieu..45
        Huitième Dimanche: La Sainte Trinité. (24-25 mai 1997)..45
    Le temps ordinaire: Vivre au quotidien l'aujourd'hui de Dieu..47
        Dixième dimanche. (7-8 juin 1997)..47
        Douzième dimanche. (21-22 juin 1997)...49
        Quatorzième dimanche. (5-6 juillet 1997)...51
        Quinzième dimanche. (12-13 juillet 1997)...53
        Dix-neuvième dimanche. (9-10 août 1997)...55
    La Fête de l'Assomption...57
        Vingt-deuxième dimanche. (30-31 août 1997)..57
        Vingt-troisième dimanche. (6-7 septembre 1997)...59
        Vingt-quatrième dimanche: La Croix Glorieuse. (13-14 septembre 1997)................61
        Vingt-cinquième dimanche. (20-21 septembre 1997)...63
        Vingt-neuvième dimanche. (18-19 octobre 1997)...65
    La Fête de la Saint Hubert Saint Hubert..67
        Trentième dimanche: Fête de saint Hubert. (25-26 octobre 1997).............................67
    La Toussaint..69
        Solennité de tous les Saints. (1er novembre 1997)...69
        Journée de prière pour les défunts. (2 novembre 1997)..71
        Trente-deuxième dimanche: Dédicace de la Basilique du Latran..............................73

(8-9 novembre 1997)..73
Trente-troisième dimanche. (15-16 novembre 1997)...76
Le Christ Roi..78
Trente-quatrième dimanche: Le Christ, Roi de l'Univers. 78
(22-23 novembre 1997)..78

Homélies prononcées pendant l'année liturgique B, Evangile selon saint Marc

Le Temps de l'Avent: Attendre Dieu

Noël: Dieu avec nous

La Nativité de Notre Seigneur Jésus-Christ. (24-25 décembre 1996)

"Ne craignez pas, car voici que je viens vous annoncer une bonne nouvelle, une grande joie pour tout le peuple: aujourd'hui vous est né un Sauveur, dans la ville de David. Il est le Messie, le Seigneur. Et voilà le signe qui vous est donné: vous trouverez un nouveau-né emmailloté et couché dans une mangeoire."
(Luc, 2 114)

Noël noir ou Noël blanc ?

Noël noir ? La couleur est de circonstance. Notre pays a connu des mois, parmi les plus noirs de son histoire. L'Afrique noire a connu, cette année encore, des centaines de milliers de victimes. Et l'année se termine sur des révélations concernant les Messes noires.

Noël noir, pour cette dame de la paroisse qui, il y a quelques jours encore, s'exclamait: "Maintenant, c'est fini ! Avec tous les malheurs que nous avons encore connus cette année, je refuse de croire une minute de plus à tout ce que les curés m'ont raconté depuis mon enfance. Comment le "Bon" Dieu pourrait-il laisser faire tout cela ? Tout cela, ce n'est qu'un beau conte de Noël…, et quand on est malheureux, les contes de Noël sont insupportables !"

Je ne peux lui donner tout à fait tort. Tant que Noël reste une "belle histoire" qui berce nos bons sentiments au cœur de l'hiver, cela n'est supportable qu'à ceux que la vie épargne.

Ceux-là peuvent même sourire en écoutant la pub qui annonce que, cette année, les Rois-mages ont fait un effort, en offrant un abonnement "Canal +" à l'EnfantJésus…

Mais le problème, c'est qu'il y a les autres, ceux pour qui le temps de Noël est un moment pénible: ceux que frappe un deuil récent, ceux qui connaissent la solitude, ceux qui n'ont pas les moyens financiers d'offrir un Noël à leurs enfants, ceux qui ont sombré dans la drogue ou l'alcool et qui ne sont que l'épave d'eux-mêmes…

Pour eux, si Noël n'est qu'un beau conte – à forte coloration commerciale – qu'on raconte chaque année aux enfants bien sages, venus écouter – sagement – Monsieur le Curé, un soir de Messe de Minuit…, il n'y a pas vraiment de quoi se réjouir. Alors, Noël noir ?

Moi, je vous souhaite à tous un merveilleux Noël blanc ! ... Un Noël où chacun se surprend agréablement en réveillant en soi le meilleur de lui-même.

C'est ce que fit notre pays un jour de marche blanche.

Cependant, un Noël blanc, ça se mérite..., et c'est très exigeant.

Tout d'abord, il ne faut pas se contenter de regarder la crèche d'un air attendri, il faut entrer dedans !

Et pour entrer..., il va falloir se baisser – se faire tout petit.

Puis, une fois entré, Marie nous tendra l'Enfant-Dieu. Oserons-nous prendre cette petite chose fragile qui gigote dans les bras ?

Pas facile – les parents le savent – car on se sent soudain si responsable !

Enfin, il faut bien le regarder.

Nous remarquerons alors qu'il a le visage de tous ceux qui comptent sur moi: proches ou lointains, riches ou pauvres, heureux dans la vie ou insatisfaits, ceux que j'aime et ceux que je n'arrive pas à aimer.

Si j'embrasse ce visage, alors seulement je comprends Noël de l'intérieur..., alors seulement ma vie devient un conte de Noël.

Un conte rempli de larmes et d'épreuves, et pourtant, un conte qui offre la vraie joie.

C'est mon souhait et mon vœu pour chacun de vous: faites de votre vie un conte de Noël... Je vous souhaite à tous un joyeux Noël blanc !

Amen.

Le Temps après Noël

Dimanche de la Sainte Famille. (28-29 décembre 1996)

Et lorsque furent accomplis les jours pour leur purification, selon la loi de Moïse, ils l'emmenèrent à Jérusalem pour le présenter au Seigneur, selon qu'il est écrit dans la loi du Seigneur: Tout garçon premier-né sera consacré au Seigneur.
(Luc 2, 22-40)

Fidèles à la loi juive, Joseph et Marie montent au Temple pour consacrer leur premier-né au Seigneur.

Afin de s'assurer la protection du Ciel, les civilisations du Proche-Orient avaient pour coutume de sacrifier aux dieux leurs premières semailles, les premiersnés du bétail... et les enfants premiers-nés.
Dès le début de son Alliance avec Abraham, le Dieu d'Israël interdit cette pratique: "Tu ne sacrifieras pas Isaac, ton fils, mais tu me le consacreras."

Ceci constitue une des intuitions les plus fondamentales du judéo-christianisme: l'enfant n'est pas un objet dont on peut disposer à sa guise..., même pour plaire à Dieu.
L'enfant est un sujet, un être à la dignité inviolable. Parce qu'il est fragile, il faudra le protéger et lui donner les moyens de devenir ce dont il est la promesse: un homme libre, un adulte responsable et capable de se forger un chemin de vie.
On peut consacrer un enfant à Dieu afin de le rendre participant de l'Alliance (aujourd'hui, c'est le baptême), mais jamais le manipuler ou pire, le sacrifier à ses besoins ou ses désirs.

Parce que l'enfance est une valeur tellement précieuse, la civilisation judéochrétienne se battra aussi pour la défense de son milieu naturel: la famille.
Défense de la maternité, qui est pour la femme un engendrement de chaque instant du "fruit de ses entrailles": du fœtus au jeune adulte, la femme engendre à la vie celui qu'elle met au monde.
Défense de la paternité, qui est pour l'homme une mise en responsabilité radicale: parce qu'il vit une relation moins fusionnelle à l'enfant, le père en sera le berger, celui qui – le premier – initie le petit d'homme à la dure aventure de la vie.

C'est dans cette optique-là qu'il faut comprendre la morale conjugale et familiale que propose l'Eglise.
Il ne s'agit pas pour elle de s'acharner sur les femmes qui ont subi un avortement, de rejeter les époux qui ont échoué dans leur vie de couple, d'écraser sous la culpabilité ceux qui n'arrivent pas à mettre de l'ordre dans leur vie affective et sexuelle.

Une telle attitude s'appelle "puritanisme...", et le christianisme est tout sauf puritain ! Le Christ n'a-t-il pas dit: "Je suis venu, non pour les justes, mais pour les pécheurs."

(N'oublions pas que, dans la vie, la plus grande tentation est le découragement et que, pour un chrétien, le plus grand péché, est le désespoir.)

Non, quand l'Eglise se bat – à temps et à contretemps – pour la vie à tout prix, pour une éducation sentimentale exigeante et pour une vie familiale stable, c'est pour défendre l'inviolabilité si fragile de l'enfance.
En cela, elle se souvient que son Dieu – un jour de Noël – s'est fait petit enfant.

Et ce combat est bien loin d'être gagné.
De nos jours, il y a évidemment les horribles sacrifices d'enfants, commis par des pédophiles assassins et certaines sectes sataniques.
Mais – comme le rappelait le Cardinal Danneels dans son message de Noël – notre société ne sacrifie-t-elle pas non plus quelque peu l'enfance sur l'autel de la consommation ?
L'enfant quand je veux, comme je veux, tel que je le veux; l'enfant beau et parfait que me vendent les pubs; l'enfant-roi devant lequel démissionnent les parents..., est-il encore cet adulte en devenir, ce don du Ciel qui me dépasse, dont je porte un temps la responsabilité et qui – un beau jour – quittera la maison parentale ?
N'est-il pas plutôt devenu l'objet de mes désirs et le palliatif à mes frustrations ?

Chrétiens, sans pour autant devenir de bien-pensants puritains, n'ayons pas peur de relever la tête pour défendre cette trinité de vie, si belle et fragile à la fois: l'enfance, la maternité et la paternité.
N'est-ce pas aussi cela, le message de la crèche ?
Amen.

L'Epiphanie du Seigneur. (4-5 janvier 1997)

"Où est le Roi des Juifs qui vient de naître ? Nous avons vu se lever Son étoile et nous sommes venus nous prosterner devant Lui."
(Matthieu 2, 1-12)

L'aventure de ces mages venus de si loin, par la simple séduction d'une étoile – devenue pour eux différente de toutes les étoiles – me rappelle le "Petit Prince" de Saint-Exupéry.

Juste avant de retourner là-haut, sur son étoile, le petit bonhomme aux cheveux d'or fait un cadeau à son ami aviateur…

Tu regarderas, la nuit, les étoiles. C'est trop petit chez moi pour que je te montre où se trouve la mienne. C'est mieux comme ça. Mon étoile, ça sera pour toi une des étoiles. Alors toutes les étoiles, tu aimeras les regarder… Elles seront toutes tes amies. Et puis, je vais te faire un cadeau…
Il rit encore.
Ah ! petit bonhomme, petit bonhomme, j'aime entendre ce rire !
Justement ce sera mon cadeau…
Que veux-tu dire ?
Les gens ont des étoiles qui ne sont pas les mêmes. Pour les uns, qui voyagent, les étoiles sont des guides. Pour d'autres elles ne sont que des petites lumières. Pour d'autres, qui sont savants, elles sont des problèmes. Pour mon businessman, elles étaient de l'or. Mais toutes ces étoiles-là se taisent. Toi, tu auras des étoiles comme personne n'en a…
Que veux-tu dire ?
Quand tu regarderas le ciel, la nuit, puisque j'habiterai dans l'une d'elles, puisque je rirai dans l'une d'elles, alors ce sera pour toi comme si riaient toutes les étoiles. Tu auras, toi, des étoiles qui savent rire !
Et il rit encore.
Et quand tu seras consolé (on se console toujours), tu seras content de m'avoir connu. Tu seras toujours mon ami. Tu auras envie de rire avec moi. Tu ouvriras parfois ta fenêtre, comme ça pour le plaisir… Et tes amis seront bien étonnés de te voir rire en regardant le ciel. Alors tu leur diras: "Oui, les étoiles, ça me fait toujours rire !" Et ils te croiront fou. Je t'aurai joué un bien vilain tour…
Et il rit encore.

Celui qui vit un amour ou une amitié comprend ce cadeau du Petit Prince.

Quand on aime quelqu'un, toutes choses deviennent différentes: la rue où il habite n'est plus une rue parmi d'autres; la maison où il habite devient unique entre toutes; les dates de rencontres; les anniversaires…, toutes ces choses, qui semblaient si banales, deviennent tout à coup tellement essentielles !

Car cette rue, maison, date, anniversaire a désormais un visage…, le visage de celui ou de celle qu'on aime.

Alors, en voyant cette rue, en pensant à cette date, on se met à rire. Et les gens vous croient fou... Et ils n'ont pas tout à fait tort...

Celui qui rencontre le visage lumineux du Christ et en tombe amoureux – celui qui devient Son ami – comprend cela aussi.

Quand on aime le Christ, toutes choses deviennent différentes: les visages anonymes deviennent des frères à aimer; les pauvres sont des rois à servir; les sacrements de l'Eglise, une rencontre; la prière, un silence complice; les rites, des gestes familiers... Et la vie qui semblait si vide, grise et dure, devient Royaume d'amour, de justice et de paix.

Car, sur tous ces visages, dans tous ces rites, au creux de notre prière, il y a ce Visage..., le Visage du Christ qu'on aime.

Alors, on passe sa vie à rire. Et les gens vous croient fou... Et ils n'ont pas tout à fait tort...

L'Epiphanie commence par l'aventure de trois mages qui ont suivi une étoile et puis, s'en sont revenus par un autre chemin.

Qu'ont-ils vu là-bas, au loin en Palestine ? Les voisins s'inquiètent et s'interrogent.

En effet, ils ont bien changé ! Depuis leur retour, quand ces dignes savants scrutent le ciel pour y observer les astres, ils se mettent à rire, car désormais – pour eux – ces étoiles ont toutes le visage d'un Enfant qui dort dans une crèche, le visage du Petit Prince de la paix.

Et les voisins les croient devenus fous... Et ils n'ont pas tout à fait tort !
Amen.

Le Baptême du Seigneur. (11-12 janvier 1997)

"C'est toi mon Fils bien-aimé. En toi J'ai mis tout mon amour."
(Marc 1, 7-11)

Il y a quelques jours, je me suis retrouvé sans eau…, canalisations gelées.
On se rend alors compte du prix de l'eau:
Mal réveillé, je fais couler la douche…, marche pas ! Alors, au moins, me brosser les dents. Va pas ! La toilette ? Pas de chasse…! En désespoir de cause, je décide de me faire un bon café pour me remettre…! J'ai dû le faire à l'eau gazeuse, car c'est la seule eau qui me restait en bouteille…!

L'eau, c'est la vie. Les contemporains de Jésus – dont les femmes qui faisaient la file devant l'unique puits du village – le savaient encore mieux que nous.
Ils connaissaient la brûlure de la soif quand, après des heures de marche dans le désert, la langue devient pâteuse; quand tout le corps crie vers cette eau – sans couleur ni odeur – qui pourtant, seule, rafraîchit et régénère.
Tout naturellement, l'eau est devenue pour eux le symbole de "Dieuquirégénère-le-cœur", c'est-à-dire, de l'Esprit-Saint.

Mais comment l'Esprit régénère-t-il ?
A l'époque du Christ, coexistaient deux rites d'eau.
A Qumran, la secte des Esséniens rythmait sa journée par des bains rituels… Il s'agissait, pour ces "parfaits", d'ainsi manifester leur désir de pureté afin d'être dignes de Dieu.
Avec Jean et les autres prêcheurs baptistes, la signification du rite de l'eau est inversée: l'homme qui reçoit ce baptême fait acte d'humilité. Il ne cherche pas tant la perfection que la conversion. La purification ne viendra pas d'abord de ses efforts, mais de Dieu qui veut le laver de toute souillure.
Jésus rejettera radicalement l'orgueil sectaire des Esséniens, mais recevra le baptême de Jean, car Il en perçoit toute la richesse spirituelle. Au cours de sa prédication, Il demandera même à ses disciples de baptiser de la sorte.
Cependant, par Sa vie et Sa résurrection, Il donne au baptême un sens encore plus radical: plus qu'un signe de conversion, il devient pour le chrétien le gage d'une adoption.
Au moment où Jésus reçoit le baptême, l'Esprit descend sur Lui et la voix du Père proclame: "C'est Toi, mon Fils bien-aimé; en Toi, J'ai mis tout mon amour."
Un chrétien qui prend son baptême au sérieux croit que cette phrase est également vraie pour lui. Que l'Esprit repose sur lui et que le Père proclame: "C'est toi, mon Fils bien-aimé; en toi, J'ai mis tout mon amour. Tel que tu es, avec tes faiblesses, tes misères, tes combats, ta lâcheté…, tel que tu es. Je fais de toi mon Fils et Je t'aime comme J'aime Jésus, mon unique. N'attends pas d'être pur ou parfait pour répondre à mon amour. Laisse-toi aimer, tout simplement, et Mon amour en toi te donnera la force qui te purifiera."

Le drame de tant de chrétiens, est qu'ils vivent le baptême comme un fait passé: "J'ai été" baptisé quand j'étais petit.

Mais que penseriez-vous de votre conjoint, s'il déclarait: "J'ai été" marié…, au lieu de dire: "Je suis" marié ?

Il en va de même pour le baptême. Ce n'est pas une affaire du passé, réglée une fois pour toutes. C'est une aventure d'amour qui se vit tous les jours. Car tous les jours le Père me redit: "C'est toi, mon Fils bien-aimé; en toi, J'ai mis tout mon amour."

Il faut oser le croire pour recevoir l'Eau vive, l'Esprit… qui reposait sur Jésus.

Amen.

Dimanche de la Présentation du Seigneur au Temple. (12 février 1997)

"Car mes yeux ont vu Ton salut, que tu as préparé à la face de tous les peuples: lumière pour éclairer les nations païennes et gloire d'Israël ton peuple."
(Luc 2, 22-40)

En méditant cet Evangile, il y a une parole qui a résonné en moi: il s'agit du mot "attente".

Il y avait beaucoup de monde dans le temple de Jérusalem. Et pourtant, seuls Siméon et Anne ont reconnu l'Enfant..., car ils étaient en attente.

L'attente est ce qui creuse mon désir.
Quand j'ouvre ma boîte aux lettres, ce n'est pas la même chose d'y trouver une lettre "comme ça" (surtout quand il s'agit d'une facture), que d'y trouver "la" lettre que j'attendais.
Quand on sonne à ma porte, c'est différent d'ouvrir à quelqu'un "comme ça" (plus encore, quand il s'agit du contrôleur des contributions), que de trouver sur le pas de la porte "celui" dont j'attendais la visite, ardemment.

On peut attendre beaucoup de choses dans la vie.

Certains passent leur temps à attendre la voiture de leurs rêves (la "XJSGT super spéciale avec double Turbo-Injection, 16 soupapes, 4 pneus et un volant"). Ils épluchent les magazines spécialisés, vont la voir dans un show-room et en affichent le poster dans leur chambre à coucher.
D'autres attendent les vacances et passent leur temps à contacter des agences de voyage.
D'autres encore attendent une nouvelle maison, une promotion sociale, une victoire du Standard...
Tout cela n'est pas un mal en soi, mais deux choses sont certaines.
Tout d'abord, si à ce moment-là, le Christ croise la vie d'une de ces personnes, il y a peu de chances qu'ils Le reconnaissent..., car – à ce moment précis de leur vie – ils attendent autre chose.
Ensuite, une fois obtenue la chose tellement attendue (voiture, voyage, maison), commencera à s'estomper le désir de cet objet. En effet, un objet ne peut combler le cœur de l'homme. Dès lors, l'attente se portera sur autre chose.

Un autre type d'attente est celle du pauvre, de celui qui a les mains vides.
Il attend de quoi manger, de quoi se chauffer, un emploi, un peu moins de souffrances physiques, un ami à qui parler, un enfant qui est parti, un simple sourire.
Si le Christ croise la vie du pauvre en attente, peut-être celui-ci Le reconnaîtrat-il ?
A condition, cependant, de ne pas Le confondre avec un "divin Papa Noël" qui viendrait tout arranger, mais bien de voir en Lui cet Ami qui marche à nos côtés dans

le silence.

Différente, encore, est notre attente par rapport à ceux qu'on aime.
On attend d'eux affection, attention, fidélité, bienveillance…, et cette attente est toujours quelque part déçue.
Si le Christ croise notre vie à ce moment-là, peut-être Le reconnaîtrons-nous, à condition de ne pas le prendre comme "céleste bouche-trou" de toutes nos frustrations affectives, mais bien comme l'Allié qui nous rappelle qu'en Amour, il faut tout donner – il faut se donner – sans attendre la réciproque.

Autre, enfin, est l'attente du Royaume…
Royaume de justice, de paix, d'adoration, d'amour et de partage…
Celui qui attend le Royaume – tel Siméon et telle Anne – reconnaîtra, en toute situation et en chaque visage, le Christ qui passe.
Il vivra dans la joie: "car mes yeux ont vu le salut que Tu préparais à la face de tous les peuples."
Pas la joie facile – superficielle -, mais bien la joie de celui qui est purifié par le feu: "Vois, ton Fils qui est là, provoquera la chute et le relèvement de beaucoup en Israël. Il sera un signe de division."
Demandons au Seigneur de creuser en nous cette attente du Royaume.
Amen.

Cinquième dimanche. (8-9 février 1997)

Le lendemain, bien avant l'aube, Jésus se leva. Il sortit et alla dans un endroit désert, et là Il priait. Simon et ses compagnons se mirent à sa recherche.
Quand ils L'eurent trouvé, ils Lui dirent: "Tout le monde Te cherche." Jésus répondit: "Partons ailleurs, dans les villages voisins, afin que là aussi Je proclame la Bonne Nouvelle, car c'est pour cela que Je suis sorti."
(Marc 1, 29-39)

"Tout le monde te cherche", dit Simon à Jésus.
Evidemment, quel triomphe dans la petite ville de Capharnaüm ! Un guérisseur qui fait merveille et soulage tant de maux.
Jésus, quant à Lui, se méfie d'un tel succès qui sonne faux par rapport à sa mission. Il n'est pas venu guérir notre monde de ses maladies et souffrances... Son Royaume est d'un autre ordre.
C'est pourquoi, Il se retire le matin, bien avant l'aube, pour prier. Et puis, Il part ailleurs..., car c'est pour proclamer la Bonne Nouvelle qu'Il est sorti.

Mais de quelle Bonne Nouvelle peut-il bien s'agir ?
Pour celui qui pose sur l'existence humaine un regard purement matériel, il n'y a pas de Bonne Nouvelle.
Tout d'abord, il y a la certitude de la mort: quels que soient les progrès de la médecine, tout homme est – depuis le jour de sa naissance – un condamné à mort.
Ensuite, il y a les épreuves de la vie: maladies, accidents et handicaps qui frappent – aveugles – dès le plus jeune âge des innocents, sans oublier le naufrage de la vieillesse.
En plus, il y a la faiblesse humaine: nos erreurs, échecs, pauvretés...
Enfin, il y a le péché: cette puissance noire qui contamine jusqu'à nos plus nobles intentions.
Bref, en posant sur notre existence un regard extérieur un tant soit peu lucide, le constat est simple. Avec un peu de chance dans la vie, on peut s'en tirer sans trop de casse, mais il n'y a vraiment pas de quoi pavoiser. Il n'y a pas de Bonne Nouvelle !

On peut évidemment s'en tirer en tenant un docte discours sur le sens chrétien de la souffrance...
Mais si ce genre de langage ne veut déjà pas dire grand-chose en soi, il est surtout déplacé devant la détresse du malheureux et les cris de douleur de celui qui souffre.

Pourtant, notre foi chrétienne nous apprend qu'il y a une Bonne Nouvelle.
Attention ! Il ne s'agit ni d'un calmant contre nos maux de tête métaphysiques, ni d'un dopant contre notre manque de goût de vivre... La Bonne Nouvelle n'est pas un médicament.
Elle travaille sans anesthésie: elle nous ouvre les yeux pour nous ramener à l'essentiel.

La Bonne Nouvelle pose sur l'existence le regard de l'Esprit de Dieu, l'Esprit du Royaume: elle ne s'explique pas mais se vit.

Croisez le regard d'un saint et vous comprendrez..., vous croiserez une étincelle du regard de Dieu sur notre monde.

Le saint pleure avec ceux qui pleurent, souffre avec ceux qui souffrent... comme Dieu pleure avec ceux qui pleurent, souffre avec ceux qui souffrent. Nous avons trop souvent l'image d'un Dieu impassible sur son nuage... C'est ne rien comprendre au Mystère de la Trinité.

Le saint ne juge pas le faible. Il lui donne de découvrir ses richesses d'âme enfouies sous trop de découragement... comme Dieu qui dit à tout homme: "Tel que tu es, Je t'aime, car tu es mon enfant."

Le saint prend sur lui le péché du monde pour le convertir en énergie de vie... comme Dieu qui, en Jésus, a porté le poids de tous nos refus d'aimer afin que l'Esprit de vie puisse régner dans les cœurs.

Peut-être ne comprenez-vous pas cela... Pas grave. La Bonne Nouvelle ne s'explique pas. Elle se vit.

La Bonne Nouvelle du Christ..., ce n'est pas de la douceureuse "gnognote". C'est du feu !

Ce mercredi, nous entrerons en Carême... Quarante jours nous seront donnés pour nous préparer à recevoir cette Bonne Nouvelle au creux de nos vies. Ne passons pas à côté.

Amen.

Le Temps de Carême: Cheminer vers Dieu

Premier dimanche de Carême. (15-16 février 1997)

Aussitôt l'Esprit le pousse au désert. Et dans le désert, Il resta quarante jours tenté par Satan.
(Marc 1, 12-15)

Qui est-Il donc, ce Jésus ?
En ce premier dimanche de Carême, Il est Celui qui nous emmène au désert.

Notre société a oublié le sens du désert.
Quand je parle de ma retraite de 10 jours en Italie, passée dans le silence d'une cellule…, parmi de jeunes moines, pour la plupart, plus jeunes que moi, nombreux sont ceux qui m'écoutent avec un sourire gêné.
Ils ne disent rien, mais je sais ce qu'ils pensent.
Ils pensent: "Ce que ces jeunes vivent, n'est pas normal. Il ne peut s'agir que d'une fuite. Prêtre en paroisse – d'accord ! – Ça, au moins, "ça sert à quelque chose", mais ceux-là…, ils gâchent leur vie à la cacher aux autres. Cela n'a aucun sens !"

Notre société a perdu le sens du désert.
Dans notre monde, pour être quelqu'un, il faut "servir à quelque chose" et pour être quelqu'un d'important, il faut faire beaucoup de choses. (Celui qui n'a pas un agenda "hyper-rempli", ne peut pas être une personne importante…).
Les vieux, les malades, les chômeurs… se perçoivent comme inutiles. Les "actifs" – eux – courent, courent…, sans trop savoir pourquoi…, ni pour qui.
Et on s'étonne, en fin de course, de se sentir "vidé", voire "vide…".

Notre monde a perdu le sens du désert. Dans le désert, il n'y a rien à faire… "On ne sert à rien".
Il n'y a qu'à "être…", soi-même.

C'est là que surgit la question primordiale, préalable même à celle qui nous accompagne au cours de notre marche de Carême: "Qui es-tu donc Jésus ?" Cette question est: "Et moi, qui suis-je ?"
Et derrière cette question, viennent les autres.

Pas les questions périphériques:
"Où passer les vacances…?"
Les essentielles: "Quel est le sens de ma vie…?"
Pas les théoriques: "Suis-je d'accord avec le Pape…?"
Les vitales: "Suis-je porteur de Bonne Nouvelle…?"
C'est là aussi, que – comme ce fut le cas pour Jésus – les tentations m'apparaissent clairement… Dans notre monde de bruit, elles se cachent derrière nos

illusions. ("Quel est le moteur de ma vie: le désir de puissance, de séduction ou… l'Esprit de Dieu ?")

Je me rappelle une retraite avec des adolescents de 16 ans. Le soir, j'avais organisé un temps de prière silencieuse, sur fond musical. Après 10 minutes, 2 filles sont sorties en pleurant. Je les rejoins et elles me disent: "C'est intenable; le silence, ça nous fout le cafard !"

Peur de se retrouver – dans un coin de désert – face à soi-même. Et donc fuite en avant: dans la pollution du bruit permanent (walkman sur les oreilles ou télévision sans cesse allumée), dans le bavardage stérile et dans le besoin d'être avec d'autres pour mieux se fuir soi-même.

Celui qui connaît le désert, par contre, fuit le bruit, aime la solitude et le silence.

Il craint le bavardage: quand il parle, c'est qu'il a quelque chose à dire. (Désert en Hébreu se dit "Mishbahr" et est apparenté à "Mish-Dabar", ce qui signifie "dans la parole…": celui qui va au désert, entre dans la parole.)

C'est ce qui impressionnait tant chez Jésus: sa parole était dure et brillante comme le diamant, parce qu'elle venait du fond de ses entrailles.

Il enseignait comme quelqu'un qui avait autorité et non comme un répétiteur de maximes religieuses. Et tout devenait parole chez Lui: un berger qui perd une brebis, un semeur qui part semer, une femme surprise en adultère…

Les quarante jours de Carême rappellent les quarante années du peuple hébreu et les quarante jours de Jésus dans le désert.

Durant ce Carême, partons au désert. Ne nous laissons pas emporter par le tourbillon d'une vie qui éparpille.

Offrons-nous des moments de désert (de silence, de prière, de lecture spirituelle…); des moments, "qui ne servent à rien", où "on ne fait rien"…, où on "est", tout simplement.

Un temps de prière en famille ? Un WE passé dans une abbaye ? Un temps d'écoute et de partage avec les enfants ? Une Eucharistie en semaine ? Un moment "perdu" dans l'Oratoire ?

Alors, le jour de Pâques, nous serons assez vides de l'illusoire et pleins de l'essentiel pour accueillir le Ressuscité !

Amen.

Deuxième dimanche de Carême. (22-23 février 1997)

Jésus prend avec Lui Pierre, Jacques et Jean, et les emmène, eux seuls, à l'écart sur une haute montagne. Et Il fut transfiguré devant eux.
(Marc 9, 2-10)

Qui est-Il donc, ce Jésus ?
En ce deuxième dimanche de Carême, Il est Celui qui nous emmène sur la montagne.

La montagne est le lieu de la Rencontre…, la Rencontre en vérité.
Les amoureux de la montagne savent bien de quoi je parle: ce bien-être tranquille et mystérieux qui envahit celui qui a atteint les sommets après une dure journée de marche.
Ici, se tait la rumeur de la plaine, le bruit des hommes, nos petits jugements, notre médiocrité.

La plaine est le lieu du simple "passage". On y passe …, on ne s'y rencontre pas.
Promenez-vous un matin de semaine, place Cathédrale, et observez le visage des gens. Un visage fermé, pressé…, un visage neutre de simple passant.
Un visage qui ne dit pas l'âme qui l'habite.
Tout en observant ainsi les passants, laissez vaguer votre jugement sur ces visages.
Cela donnera quelque chose comme ceci: "T'as vu comme elle est fringuée, celle-là ?" "Par contre, celle-ci…, jolie Pépée !" "Et celui-là, avec son "G" en rue…, à quoi joue-t-il…?"
Et s'il s'agit du visage d'un handicapé ou du mendiant auquel on donne… "20 balles", on détournera le regard, car ce visage nous met mal à l'aise.
Alors le soir, on rentre chez soi et on allume la TV ou on se met devant Internet, "ces prodigieux engins qui nous permettent de découvrir le monde !" Et on pense vivre la rencontre, mais virtuelle – c'est-à-dire, sans risque – c'est-à-dire, qu'on peut tout arrêter par une simple pression sur le bouton de commande de notre "zappeur". Et on prend si peu le temps de découvrir le visage de ceux qui vivent avec moi, tous les jours, sous le même toit.
La plaine est le lieu du simple "passage".
On y passe …, on ne s'y rencontre pas.

Jésus quitte la plaine. Il s'écarte un moment de la rumeur, de ce grouillement de spéculations sur Son identité, des divers rôles qu'on voudrait Lui faire jouer, des doctrines qu'on voudrait Lui prêter.
Même 2000 ans plus tard, il ne faut pas trop d'imagination, pour encore entendre résonner à nos oreilles les ragots que le "tam-tam" local faisait circuler à Son sujet en chaque village de Galilée et jusqu'à Jérusalem:
"Vous savez ce qu'Il aurait dit contre la Loi ?" "Vous savez qui Il serait ?

Non...! On dit que c'est Jean-le-Baptiste, revenu des morts ! Mais non ! Vous n'y êtes pas du tout ...!" "Vous savez quoi ? On l'a encore vu avec cette Marie-Madeleine... Drôle de prophète ! Quelle époque, je vous jure ! Etc., etc. ..."

Jésus quitte la plaine et monte sur une haute montagne. Petit à petit, la rumeur s'éloigne et le silence s'installe.
La montagne est le lieu de la Rencontre..., la Rencontre en vérité.
Ici, il n'est plus question du Galiléen qui fréquente les gens de mauvaise vie, du Messie politique qui prendrait les armes contre les Romains, du Guérisseur acclamé par les foules, du Rabbi qui dérange les doctes.
Ici, il n'y a plus que la Lumière de Dieu qui transfigure tout et met toute chose sous le soleil de "LA" Vérité.
Ici, Jésus apparaît pour ce qu'Il est: resplendissant de la gloire de Dieu, entouré de Moïse qui représente la loi, d'Elie, prince des prophètes et couvert de la nuée qui – depuis l'Exode – est le symbole de Dieu.
Ici, il n'y a plus que cette voix qui dit: "Celui-ci est Mon Fils bien-aimé. Ecoutez-le."

Durant ce Carême, Jésus nous emmène sur la montagne pour nous apprendre la rencontre.
Donnons-nous le temps de cette rencontre avec Lui..., et avec tant de visages, proches ou lointains.
Alors, le mot "partage" prendra un sens dans notre vie.
Quel sens cela a-t-il de donner "20 balles" à un mendiant, si je n'ose pas le regarder au fond des yeux et lui sourire ?
"Partager" signifie "rencontrer". Et "rencontrer" signifie me dépouiller de tout ce qui n'est pas strictement nécessaire pour faciliter l'accueil de l'autre.
Les amoureux de la montagne savent bien de quoi je parle.
Difficile de vouloir atteindre les sommets avec un sac à dos trop chargé. Il faut se contenter du strict nécessaire.

Oui, durant ce temps de Carême, laissons le Christ nous mener sur la montagne.
Là, se tait la rumeur de la plaine et tout devient rencontre en vérité.
Amen.

Troisième dimanche de Carême. (1-2 mars 1997)

Comme la Pâque des Juifs approchait, Jésus monta à Jérusalem. Il trouva installés dans le Temple les marchands de bœufs, de brebis et de colombes, et les changeurs. Il fit un fouet avec des cordes, et les chassa tous du Temple...
(Jean 2, 13-25)

Qui est-Il ce Jésus ?
En ce troisième dimanche de Carême, Il est Celui qui entre dans le Temple.

Le Temple est le lieu où Dieu demeure parmi les hommes.
De tout temps, les hommes ont bâti des temples pour y trouver leur dieu.
Cette noble Quête des plus purs était souvent l'occasion de débordements moins "spirituels" (la prostitution sacrée près des temples païens, interdite en Israël) et émoussait le sens commercial des plus malins: en chassant les marchands du Temple, Jésus s'en prend à un très lucratif business...
Les sadducéens – la caste sacerdotale qui tient le Temple – ne le Lui pardonneront pas... Le moment venu, ils seront les premiers à vouloir éliminer ce Galiléen qui s'en était pris à la si juteuse source de leurs bénéfices.

Aujourd'hui, nombreux sont les chrétiens qui se scandalisent de la présence de commerçants à Lourdes ou Banneux, ainsi que de l'état réel ou fantasmé (car on fabule énormément à ce sujet) des finances du Vatican, de l'Evêché, ou de la paroisse. Ils taxent alors tout cela de "marchandage du Temple".
Cette critique doit être prise fort au sérieux, car le rapport de notre Eglise à l'argent ne peut échapper à l'Evangile. Pour que l'Esprit puisse encore souffler, mieux vaut être un peu trop pauvre que beaucoup trop riche.
Cependant, il ne faut pas verser dans l'angélisme... La vie chrétienne ne peut se passer de structures temporelles et donc d'un certain rapport à l'argent.

Le sens du passage d'Evangile que nous recevons ce dimanche est pourtant d'un autre ordre: "Détruisez ce Temple et en trois jours Je le relèverai... Le Temple dont Il parlait, c'était Son corps".
Avec Christ, le vrai Temple – le lieu où Dieu demeure – n'est plus un bâtiment. C'est Son corps – Sa présence – qui est demeure du Père.
Pour les chrétiens, le vrai Temple n'est pas une maison de pierre (nos églises ne sont que des lieux de rassemblement et de prière). Le vrai Temple est bâti de pierres vivantes, de la présence du Christ en tous ceux qui ont été baptisés en Lui et qui communient au même sacrement de Son Corps et de Son Sang. Nous sommes le Temple de Dieu: les témoins vivants de Sa présence.
Du moins, c'est ce que nous devrions être. En nous voyant vivre, les hommes devraient se dire: "Mais oui, Dieu est présent".
Mission accomplie ?
En ce troisième dimanche de Carême, Jésus entre dans le Temple.
Si nous, chrétiens, sommes le Temple de Dieu, il nous est demandé de Lui

ouvrir les portes les plus intimes de notre âme afin qu'Il y pénètre.

Mais attention…, une fois entré, Il prendra un fouet et chassera les marchands de notre cœur.

Et cela peut faire mal. Tout ce qu'il y a de monnayeur en nous (notre envie de plaire, de nous vendre, de séduire, de donner en vue d'obtenir quelque chose, (ne fûtce qu'une bonne image de soi…), tout cela, Il le chassera de notre vie…

Et cela peut faire très mal.

Voilà pourquoi nous avons si peur de Le laisser entrer.

Nous Le recevons le plus souvent avec respect, mais pas plus loin que le vestibule de notre existence: là où sont nos convictions, nos valeurs, notre éducation.

J'entends souvent des gens me dire: "Oui, je suis de conviction chrétienne. C'est mon éducation. Ce sont mes valeurs."

C'est très bien, mais cela ne transforme pas une vie de fond en comble.

En ce troisième dimanche de Carême, Jésus entre dans le Temple.

Jusqu'où vais-je Le laisser entrer en moi ? En me voyant vivre, les hommes sentiront-ils battre dans mon cœur la présence du Dieu de Jésus-Christ ? Suis-je une pierre vivante du Temple de Dieu ?

Amen.

Quatrième dimanche de Carême. (8-9 mars 1997)

Car Dieu a envoyé Son Fils dans le monde, non pas pour juger le monde, mais pour que, par Lui, le monde soit sauvé. Celui qui croit en Lui échappe au jugement, celui qui ne veut pas croire est déjà jugé (…). Et le jugement, le voici: quand la Lumière est venue dans le monde, les hommes ont préféré les ténèbres à la Lumière, parce que leurs œuvres étaient mauvaises.
(Jean 3, 14-21)

Qui est-Il ce Jésus ? En ce quatrième dimanche de Carême, Il est la Lumière qui vient dans le monde.

Ce vendredi, l'éditorialiste d'un quotidien belge écrivait que la découverte de la dépouille de la petite Loubna éteignait une nouvelle fois la lumière de l'espoir dans notre pays.
Je voudrais lui opposer le commentaire du rédacteur en chef d'un autre journal: "il est faux de proclamer que notre pays est pourri", déclare-t-il. "Bien au contraire: il ose se réveiller de vingt années de laxisme moral dans la gestion de ses affaires publiques; il entame un douloureux examen de conscience quant au fonctionnement de sa justice. Voilà bien la preuve que notre régime démocratique est fondamentalement sain. Quand une Nation exige que se fasse "toute la lumière…", cela peut faire mal et remettre chacune de ses institutions en question. Cela comporte aussi un risque de déstabilisation et de dérive populiste. Mais n'est-ce pas la preuve que le pays n'est pas mort, car il a la capacité de réagir ?"

Je ne puis que souscrire à cette vision des choses. La sagesse populaire ne dit-elle pas: "Il n'y a pas plus aveugle que celui qui refuse de voir."
Un régime politique, qui ose faire "toute le lumière", n'est plus aveugle. Au contraire, il commence à sortir des ténèbres !

En ce quatrième dimanche de Carême, Jésus est la Lumière qui vient dans le monde.
Comme pour notre pays, laisser cette Lumière éclairer notre vie est un douloureux exercice, car on découvre son péché.
Il est beaucoup plus confortable de se laisser vivre dans la pénombre de nos demi-vérités, demi-ambiguïtés, et petits arrangements de toutes sortes. On est alors ce genre de chrétien sans inquiétudes qui déclare paisiblement: "Et bien quoi ? Je ne suis sans doute pas parfait, mais je fais mon petit possible. Je ne vois vraiment pas pourquoi je devrais remettre ma vie en question."
"Il n'y a pas plus aveugle que celui qui refuse de voir", dit la sagesse du peuple. Et l'Evangile ajoute: "Et le jugement le voici: quand la Lumière est venue dans le monde, les hommes ont préféré les ténèbres à la Lumière, parce que leurs œuvres étaient mauvaises."
En ce dimanche de la mi-carême, Jésus est la Lumière qui vient dans le monde.

Si nous laissons cette Lumière éblouir nos recoins les plus obscurs, nous cesserons d'être aveugles et nous nous reconnaîtrons pauvres pécheurs.

Non pas avec cette fausse et déprimante spiritualité qu'un certain XIXème siècle nous a léguée: la "face de carême" au visage émacié, le regard glauque endeuillé d'un blême demi-sourire, se proclamant pécheur avec une malsaine complaisance, est une grotesque caricature du chrétien !

Ce n'est qu'ébloui par la Lumière du Christ qu'on commence à se ressentir authentiquement pécheur.

Cela est douloureux, mais pas déprimant… C'est comme une guérison.

Voyez les saints, ils sont les premiers à se reconnaître pécheurs.
Ce n'est pas pour faire preuve d'une bienséante humilité.
Ils ont laissé le Christ mettre toute leur vie sous Sa Lumière et cela les a rendus tellement plus "clairvoyants".

Pourtant, rien n'est moins déprimant qu'un saint: ils nous renversent par la joie de Dieu qui les anime !

A l'approche de Pâques, il nous sera proposé de vivre le sacrement des pécheurs: la Confession ou Sacrement de la Réconciliation.

Nous avons tous mille et une bonnes raisons de ne pas en profiter.

Laissons la Lumière du Christ éclairer notre vie, alors peut-être comprendronsnous que ce sacrement n'est pas une fastidieuse corvée qui satisfait la curiosité des prêtres, mais bien un merveilleux cadeau que Dieu nous offre…, et qu'il serait bien dommage de s'en priver.

Amen.

Cinquième dimanche de Carême. (15-16 mars 1997)

Alors Jésus leur déclare: "L'heure est venue pour le Fils de l'homme d'être glorifié. Amen, amen, Je vous le dis: si le grain de blé tombé en terre ne meurt pas, il reste seul; mais s'il meurt, il donne beaucoup de fruit. Celui qui aime sa vie la perd; celui qui s'en détache en ce monde la garde pour la vie éternelle. Si quelqu'un veut Me servir, qu'il Me suive; et là où Je suis, là aussi sera Mon serviteur."
(Jean 12, 20-33)

Qui est-Il donc ce Jésus ? En ce cinquième dimanche de Carême, Il est Celui qui se laisse voir.

"Nous voudrions voir Jésus", demandent ces pieux Grecs montés à Jérusalem.
Sans doute, en avaient-ils entendu parler et désiraient-ils le rencontrer…, comme on rencontre une personnalité.
C'est un soupir qui habite le cœur de tout chrétien: "Ah ! si seulement je pouvais voir et toucher ce Jésus qui est à la base de ma foi…, tout serait tellement plus facile !"
Et pourtant, il y a tant d'hommes qui l'ont "vu", qui l'ont entendu, qui l'ont touché le long des routes de Palestine…, et qui n'ont pas compris…, ils n'ont rien vu du tout.

Par contre, même deux mille ans après, il nous est donné de Le "voir" en toute chose et au cœur même de notre vie.
Comment ? Jésus nous laisse l'image du grain de blé: il tombe en terre et meurt afin de porter du fruit.
Une paroissienne m'a expliqué cette image. Elle m'a dit: "Essaie de froisser un épi encore vert… Tu n'en recueilleras aucun grain, car le grain s'accroche encore à l'épi. Par contre, quand l'épi est mûr, le grain se laisse aller et tombe en terre".
Ainsi en est-il du Christ. Il ne s'accroche pas à la vie, Il la donne – jusqu'à la Croix – afin de porter du fruit.
"Celui qui aime sa vie la perd; celui qui s'en détache en ce monde la garde pour la vie éternelle."

Et Jésus continue, en disant: "Là où Je suis, là aussi sera Mon serviteur."
Si le Christ est grain de blé qui tombe en terre, pour Le "voir", c'est là qu'il s'agit de Le retrouver.

Qu'est-ce à dire ?
En cette dernière ligne droite du Carême, nous sommes appelés à faire un examen de conscience.
Il y a tant de choses qui font partie de notre existence et auxquelles nous tenons: image de marque, famille, intelligence, éducation, milieu social, profession, confort matériel, hobby, etc. …

Cela n'est pas un mal, car ces choses sont bonnes. Cependant, nous devons tenir à ces choses, tel le grain qui tient à l'épi: à tout moment, il peut nous être demandé de lâcher prise afin de tomber en terre et porter du fruit.

Le grain qui s'accroche à l'épi, ne peut porter du fruit.

Si nous nous accrochons à notre image de marque, elle deviendra un masque et non un portrait. Si nous nous accrochons à notre éducation, elle prendra la forme d'une barrière hautaine face à l'autre et non d'une marque de respect envers le prochain. Notre milieu social sera snobisme et non responsabilité. Notre intelligence sera orgueil et non outil. Notre famille, un clan et non une communauté de sang. Notre profession, confort et hobbies, des idoles et non des moyens de vivre.

Là où nous nous accrochons…, nous sommes incapables de "voir" le Christ et c'est un domaine de notre existence qui ne portera pas de fruit.

En cette dernière ligne droite sur notre route de Pâques, faisons cet examen de conscience: à quoi est-ce que je m'accroche ?

Pensons ensuite au grain de blé: il se décroche de l'épi pour tomber en terre. Alors seulement peut-il mourir et porter du fruit… Un fruit qui demeure.

Amen.

La Semaine Sainte: Dieu partage nos souffrances et notre mort

Jeudi Saint: Mémoire de la Cène. (27 mars 1997)

Au cours du repas, Jésus, sachant que le Père a tout remis entre Ses mains, qu'Il est venu de Dieu et qu'Il retourne à Dieu, se lève de table, quitte Son vêtement, et prend un linge qu'Il se noue à la ceinture; puis, Il verse de l'eau dans un bassin, Il se met à laver les pieds de Ses disciples et à les essuyer avec le linge qu'Il avait à la ceinture.
(Jean 13, 1-15)

Qui est-Il donc ce Jésus ?
En ce Jeudi Saint, Il est Celui qui me lave les pieds.

Dans ce geste, tout est dit. Etre chrétien, signifie croire que Dieu s'est fait homme pour me laver les pieds.

Devenir chrétien, signifie accepter que le Très-Haut se mette à genoux devant moi – tel le dernier des esclaves – afin de me laver les pieds.

Et cela choque. Qui ne réagirait pas comme ce brave Pierre ?

Pourtant, si nous avons tant de mal à rencontrer le Christ au cœur de nos vies, c'est peut-être aussi parce que nous le cherchons là où Il est le moins: dans notre cerveau, lieu de l'intelligence; sur nos mains, outils de nos réalisations.

Non, Il est avant tout à nos pieds. Là où nous mordons la poussière, là où nous ne sentons pas fort frais.

C'est pour cela qu'Il est venu: pour laver ce qu'il y a de très bas et de plutôt malodorant en nous. C'est pourquoi, à genoux, Il nous supplie humblement: "LaisseMoi te laver les pieds."

Heureux celui qui Le laissera faire – qui se laisse aimer – il goûtera toute la douceur de ce geste.

Il y prendra goût et son regard sur les hommes s'en trouvera bouleversé: en eux, il n'aimera pas avant tout le cerveau brillant ou les mains habiles, mais l'humilité des pieds. Dans son frère, il aimera ce qu'il y a de plus petit et de blessé.

Alors, sa vie bascule et il se lève pour s'agenouiller à son tour afin de laver les pieds les plus sales de ses frères.

Les gens le traiteront de fou, de naïf et de pigeon. Ils profiteront de lui. Mais rien ne l'arrêtera. Car dans son cœur, il y aura cette joie secrète que rien ni personne ne saurait lui ravir.

Heureux celui qui laisse son Seigneur et Maître lui laver les pieds. Il entrera dans les paroles de l'eucharistie: "ceci est mon Corps livré pour vous, ceci est la coupe de la nouvelle alliance en Mon sang."

L'eucharistie prolonge le lavement des pieds. Le Christ s'y "livre" à nous sous l'humble aspect du pain et du vin consacrés afin de renouveler Son "alliance" d'amour en notre cœur.

Heureux celui qui laisse son Seigneur et Maître lui laver les pieds. Il entrera dans le Mystère du prêtre, ce pauvre parmi les pauvres, chargé par Christ d'assurer le service de pasteur afin que demeure le commandement: "Vous ferez cela en mémoire de Moi."

Il portera sur le cœur cette simple prière: "Seigneur, donne des prêtres à Ton Eglise. Des prêtres dont la vie nous rappelle que Tu es venu pour nous laver les pieds !"

Amen.

Vendredi Saint: La Passion du Seigneur. (28 mars 1997)

"J'ai soif !" (Passion selon saint Jean).
(Jean 19, 28)

Je vous livre, en guise de méditation, une prière écrite par une jeune infirmière. Elle est belle. Elle est le fruit de la nuit des hôpitaux:

Pour cet enfant-là, pour cet homme-là, pour cette femme-là.

A travers eux, je T'écoute gémir. Par eux, je Te sens nous bénir. En eux, je veux voir ton amour.

Par Catherine, 20 ans, qui écrivait quelques mois avant de mourir: "On est sur terre pour une mission, mais on ne la trouve pas comme ça cette mission. Il faut écouter le monde qui crie sa détresse."

Par cette petite fille, 10 ans, que la leucémie rongeait et qui m'a dit: "Il vaut mieux que ça me soit arrivé à moi, car mon frère ne l'aurait pas supporté."

Par ce jeune homme atteint du sida, brûlant de toutes les fièvres malignes, implorant: "J'ai peur, j'ai peur de la mort."

Par cette vieille dame pleurant la mort de son neveu, son seul parent.

Par l'admirable Madame N., entrée acariâtre à l'hôpital, méchante, et que l'aggravation de sa maladie a transfigurée, qui n'est plus que douceur et sérénité.

Par tous ces soignants, infirmiers et médecins au bout de leurs fatigues et de leurs doutes.

Par tous ceux qui s'éteignent dans la confiance, je me tourne vers Toi et je Te prie.

Dans ce silence, au creux même de la dérision, de l'apparente victoire de l'absurdité, quelque chose de Toi se manifeste.

Quelque chose de ce silence est le centre même où Ta grâce agit, où leur souffrance prend sens et est saisie par Ta miséricorde.

Pourquoi faut-il descendre si profond dans la misère humaine pour pressentir l'ombre de ton Mystère ?

Frères et sœurs, en ce Vendredi Saint, le Seigneur nous lance du bas de sa Croix: "J'ai soif !"

Venons vénérer cette Croix, afin de désaltérer Son amour pour nous. Et – si nous en sentons l'appel – venons aussi Lui confier le fond de notre misère dans ce merveilleux sacrement où Il donne tout Son pardon et Sa tendresse.

Amen.

Pâques: Un Dieu de Vie.

Vigile et Résurrection du Seigneur. (29-30 mars 1997)

"N'ayez pas peur ! Vous cherchez Jésus de Nazareth, le Crucifié ? Il est ressuscité."
(Marc 16, 1-8)

"N'ayez pas peur !" dit l'ange.
Et pourtant – lucide – l'Evangéliste Marc termine son récit sur la constatation du contraire: "Les femmes ne dirent rien à personne, car elles avaient peur." (Marc 16, 18).
Quant aux apôtres, ils ne sont même pas là. Ils se cachent. Ils ont peur.

Ces premiers disciples nous ressemblent: nous avons beau croire que le Crucifié est ressuscité, être baptisés dans Sa victoire sur le mal, savoir que – dès lors – rien ni personne ne pourra nous atteindre dans l'Essentiel…, pourtant, demeurent en nous tant de peurs.
Peur de souffrir, peur de l'avenir, peur pour mon emploi, peur pour mes enfants, peur de la solitude, peur de ne pas être à la hauteur… Il règne d'ailleurs sur notre petite Belgique comme une vague de peur, dangereusement relayée par la presse: réseaux de pédophilie, Clabecq, Renault, corruptions… Les gens se disent: "Où va-t-on ?"
Peur enfin, dans notre foi: "Est-ce que tout cela est bien vrai ? N'est-ce pas le fruit de mon imagination ? Et si je m'affiche comme chrétien, ne va-t-on pas se moquer de moi ?"
Et la peur paralyse, elle tétanise. On est comme mort, on perd toute énergie positive, on devient un tombeau…

Pourtant, si nous sommes rassemblés ici, c'est parce que le tombeau du Christ était vide. "N'ayez pas peur !" dit l'ange. "Il est ressuscité".
Pourtant, si 2000 ans plus tard, des chrétiens fêtent encore la Pâque de leur Seigneur, c'est parce que ces femmes apeurées et ces disciples déboussolés ont apprivoisé la présence du Ressuscité, ont senti Sa force agissante en eux, et ont goûté toute la tendresse de Son amour…
Alors, une chaleur, une lumière, un feu s'est mis à habiter leurs entrailles. Une lumière, une chaleur, un feu, qui a fait fuir toutes leurs peurs.
Alors, ils n'ont plus pu se taire ! Toute leur vie est devenue un signe de Pâques.

Personnellement, j'ai fait l'expérience de la Pâque du Christ agissante dans ma vie à l'âge de 20 ans.
Cela m'est advenu, entre autres, au cours d'une Vigile pascale…, et ma vie a basculé.
Si je suis prêtre aujourd'hui, c'est pour témoigner de cela et souhaiter la même

grâce à tous mes frères. Car vivre une aventure plus forte que la peur est formidable !

Il est vrai que parfois – par des soirs de fatigue, de lassitude ou de cafard – les doutes et les peurs reviennent. La vie chrétienne n'est pas sans combats.

Alors, le Seigneur m'envoie des "anges". Je vois autour de moi des hommes et femmes – jeunes ou vieux – faire la même expérience du Ressuscité qui transfigure leur vie.

Alors, je lis la joie de Pâques sur leur visage dont le regard radieux me dit: "N'aie pas peur ! Il est ressuscité." Sainte fête de la Résurrection à tous.

Amen.

Temps après Pâques.

Deuxième dimanche de Pâques. (5-6 avril 1997)

Jésus vint, et Il était là au milieu d'eux. Il leur dit: "La paix soit avec vous !" Après cette parole, Il leur montra Ses mains et Son côté.
(Jean 20, 19-31)

Si vous êtes comme moi, il vous est sûrement arrivé de murmurer entre les dents: "Mouais ! On a beau jeu de dire: Heureux ceux qui croient sans avoir vu ! Mais si le petit Jésus pouvait rentrer dans cette église et nous refaire le coup de Thomas..., ce serait quand même un peu plus facile de croire en Lui..."

Et c'est vrai. Il viendrait ici; en un instant nous serions tous à genoux; nous irions le promener dans les rues de Liège et en quelques heures toute la ville formerait une grande procession, bourgmestre et échevins en tête..., comme au bon vieux temps.

Pourtant, si cela touchait les cœurs, cela ne les retournerait pas. Dans notre Cité ardente, l'Evangile ne serait pas davantage vécu pour autant.

Les gens croiraient parce qu'ils auraient "vu...", pas parce qu'ils auraient cherché, ressenti, vécu avec leurs tripes la présence du Ressuscité, par la force de l'Esprit.

Ils verraient le Christ ressuscité, mais ne vivraient pas la Pentecôte. Ils croiraient en consommateur, non en acteur du Royaume.

Une phrase me touche par-dessus tout dans cet Evangile. C'est le Christ qui lance à Ses disciples: "la paix soit avec vous !" Puis, Il leur montre Ses mains et Son côté.

La paix du Christ n'est pas une paix qui laisse tranquille: elle est la paix de Celui qui a tout donné pour nous... Elle est une paix qui bouleverse toute une vie !

La paix du Christ, n'est pas la paix du monde...

Une paroissienne me disait avoir entendu à la radio, la veille du WE de Pâques, le commentaire suivant: "Demain, c'est le WE de Pâques. Nous vous rappelons que lundi les banques seront fermées... Prenez vos précautions !" Et ce fut tout. La paix des banques, voilà la paix du monde.

Un habitant du Sart-Tilman, paroissien fort peu régulier, m'expliquait une partie de son malaise à l'église: "Les rares fois où j'y viens, je rencontre des gens de mon quartier..., ceux-là même qui ne me rendent jamais un salut quand je leur dis bonjour dans la rue." Le "chacun chez-soi et Dieu pour tous...", voilà la paix du monde.

Il y a peu, j'ai eu au téléphone une discussion plutôt sèche et serrée avec la Dame qui gère mon dossier aux Contributions, car j'avais l'impression de subir une injustice. Ce n'est qu'en raccrochant que je me suis rendu compte qu'elle ne faisait que son boulot et que le ton de ma voix n'avait certainement pas contribué à améliorer sa vision du prêtre. L'autodéfense crispée, voilà la paix du monde.

Enfin, un petit clin d'œil: lors de la grande Vigile de Pâques, j'aime asperger copieusement mes frères et sœurs en Christ d'eau bénite pour bien leur rappeler la grâce du baptême. Pourtant, j'ai beau expliquer chaque année la portée symbolique de ce geste fort… Quand je trempe le buis dans l'eau, je sens le visage de mes vis-à-vis qui se crispe et je lis dans les yeux des dames: "Attention ! Pas sur ma permanente." Le soin de la permanente qui prime sur la joie de se rappeler son baptême, voilà la paix du monde.

La paix du Christ est d'un autre ordre… Elle n'a pas peur de montrer les plaies de la passion, sur les mains et dans le côté.

La paix du monde retient pour mieux se protéger. La paix du Christ donne pour mieux partager.

Elle ne laisse pas tranquille et bouleverse les vies. Elle voit le visage du Ressuscité sur chaque frère, surtout blessé…, même quand il s'agit de ce paroissien irrégulier du quartier… ou de la contrôleuse des contributions.

Pour chacun de ces visages, elle proclame – tel Thomas – "Mon Seigneur et mon Dieu !"

Ressuscité, le Christ passe et nous lance: "La paix soit avec vous !"

Recevons Sa paix et tâchons d'en vivre. Alors…, et alors seulement, Sa Pâque deviendra visible dans le monde.

Amen.

Troisième dimanche de Pâques. (12-13 avril 1997)

"Touchez-Moi, regardez, un esprit n'a pas de chair ni d'os, et vous constatez que J'en ai."
(Luc 24, 35-48)

Dans l'Evangile, saint Luc souligne que le Ressuscité n'est pas un esprit. Les disciples l'ont rencontré "en chair et en os" ! Ce faisant, l'évangéliste explique tout d'abord ce que les témoins de la résurrection ont ressenti.

Mais, plus encore, il laisse un message concernant notre propre résurrection: tel le Christ, nous sommes appelés à ressusciter "en chair et en os". C'est cela, la résurrection de la chair que nous proclamons dans le Credo.

"La résurrection de la chair"... Comment, se demandent les intellos que nous sommes..., avec nos cellules biologiques, que l'on voit pourrir avec le cadavre ?

Peut-être, peut-être pas. Je ne crois pas que l'important soit là.

Pour illustrer cela, une histoire de couple – pathétique – rencontrée dans le cadre de mon travail à l'Evêché.

Elle, petite femme des îles exotiques, rêvait de trouver un mari européen d'âge mûr qui lui offrirait tout ce qu'elle désire. Lui, vieux garçon sans famille, pensait voir débarquer de l'avion la fée de ses songes.

Ils se sont connus par une agence, car il y a des gens qui gagnent leur vie avec ce genre de rêve. Après quelques échanges de lettres, elle est venue en Belgique et ils se sont mariés.

Une fois réunis en "chair et en os", la réalité fut bien évidemment toute autre: le prince charmant se muait en affreux pantouflard, la fée se transformait en dragon !

Ils ne s'étaient aimés que dans leurs rêves et non "en chair et en os". Le conte s'est mal terminé...

On ne bâtit un couple, une amitié, une vraie relation humaine, que sur un amour "en chair et en os". Et les vieux mariés savent que cela est décapant et pas toujours très romantique !

De même, on ne bâtit une relation authentique avec le Christ ressuscité que "en chair et en os". Et les saints rappellent que cela n'est pas une sinécure. La vie chrétienne n'est pas un confort philosophique, elle est un combat de chaque instant ! Facile de faire de beaux sermons..., mais vivre l'Evangile avec ceux qui me sont le plus proches, c'est une autre paire de manche !

La "résurrection de la chair", c'est avant tout cela: Jésus est ressuscité "en chair et en os", car il m'appelle – dès maintenant – à ressusciter "en chair et en os" !

La foi chrétienne n'est pas décharnée. Contrairement au "New Age" et à tant d'autres recherches spirituelles en vogue, il ne s'agit pas de trouver dans sa foi une force ou sagesse supérieure qui me permette de me dégager de la grisaille quotidienne, de m'élever au-dessus de la commune condition humaine.

Le christianisme est le contraire d'un "opium spirituel du peuple", une voie échappatoire à ce monde qui fait peur.

Si Christ me donne la force de Sa Vie plus forte que la mort, ce n'est pas pour me faire décoller du concret, mais pour m'y ramener afin que j'y vive en ressuscité !

La rencontre du Ressuscité nous pousse à donner notre vie pour le monde, comme Jésus l'a fait…

Si ma foi chrétienne ne me rend pas plus humain, plus engagé dans le monde, plus soucieux du bien de mon entourage, plus vrai, lucide, réaliste par rapport à moimême et aux autres… alors, il y a un problème.

(Même les moines vivent cela: ils ne s'échappent pas du monde. Ils donnent leur vie en prière pour tant d'hommes que le manque de prière asphyxie.)

Celui qui vit cela "comprend" alors les Ecritures.

Il ne saisit peut-être pas tout, mais la Parole de Dieu commence à prendre "chair et os" en lui…, à être parole pour lui.

Il découvre le goût de lire la Bible, car il sent que ce n'est pas qu'un livre historique ou théorique. C'est un livre de Vie, d'Amour et de Résurrection.

Plus encore, toute situation concrète devient pour lui comme une parabole.

Enfin, il se sent envoyé comme "témoin". Plus aucune action n'est faite comme s'il n'était pas chrétien.

Alors, autour de lui – mystérieusement, dans le silence, la prière et la patience – ce qui semblait voué à la mort se met à revivre.

La puissance du Ressuscité commence à agir dans sa vie…, "en chair et en os" !

Amen.

Quatrième dimanche de Pâques. (26-27 avril 1997)

"De même que le sarment ne peut pas porter du fruit par lui-même s'il ne demeure pas sur la vigne, de même vous non plus, si vous ne demeurez pas en Moi."
(Jean.15, 1-8)

Une question me hante régulièrement: à la fin de ma vie – sur mon lit de mort – qu'est-ce qui aura encore du prix à mes yeux ?

Ni mes convictions politiques ou même religieuses, ni mes réalisations, mes réussites et échecs, mon éducation et mes peurs, mes qualités ou défauts...

Seule, une question restera: "Ma vie a-t-elle été féconde ? A-t-elle porté du fruit ? Ou bien, suis-je un tel un sarment sec qui à force de s'agiter, de faire du vent..., a perdu toute sève ?"

Lors de la retraite avec les enfants qui se préparent à la Profession de foi, nous avons regardé avec eux un film sur la vie de saint François d'Assise.

Une scène m'a fortement impressionné:

François vient de quitter Assise et de renoncer à toute richesse. Il s'est retiré dans l'ermitage en ruine de San Damiano et s'efforce de le reconstruire.

Voilà que son meilleur ami, Bernardo de Quintevalle, revient de Croisades. On lui apprend tout ce qui s'est passé. Il est furieux et peiné de savoir que tout le monde a abandonné son ami François qui passe pour fou.

Alors, par une glaciale journée d'hiver, il se rend à San Damiano. Il y trouve François, pieds nus dans la neige et habillé d'une grossière bure, en train de reconstruire pierre par pierre, la petite chapelle en ruine.

Bernardo lui crie: "François, écoute-moi... Je suis venu t'aider !"

Et François doucement de répondre, avec ce petit sourire qui en dit long: "Des mots, Bernardo, des mots... Moi aussi, j'ai cru aux mots. Maintenant, j'ai choisi de bâtir – jour après jour, pierre par pierre – le Royaume d'Amour dont parle Jésus."

Et Bernardo suivra François dans la folle aventure...

C'est exactement ce que je ressens de plus en plus dans ma vie. Moi qui suis juriste, je crois de moins en moins aux beaux discours et brillants raisonnements. Moi qui ai toujours été passionné de politique, j'ai quelque peu perdu le goût de suivre toute la "surinformation" qui nous est quotidiennement donnée sur "tout ce qui se passe dans le monde."

Evidemment c'est important..., mais cela n'est pas essentiel. Une seule chose compte: "A quoi sert ma vie ? Est-ce que je porte du fruit ?"

Je pense à ces deux petites filles, qui s'étaient chamaillées avant la retraite de Profession de foi et qui s'y sont réconciliées. Je pense à cette dame d'un home qui a 92 ans et qui me dit avec un sourire: "J'assiste à votre Messe, mais je ne communie pas, car je suis Témoin de Jéhovah !" Je pense à cet ami qui souvent, tard le soir, se promène dans un parc et y ramasse les ordures laissées par d'autres. Il me dit: "Evidemment, le lendemain il y en a toujours autant, mais peu importe..."

N'est-ce pas plutôt cela, la vraie vie ? Et non, ce qui fait la "Une" des journaux ?

Comparez un sarment sec et un sarment qui porte du fruit. Le premier est droit et fier, il siffle au vent mais il est simplement bon à brûler.

Le second est assoupli par la sève qui circule en lui. C'est pourquoi, il ploie humblement sous le fardeau des grappes qu'il porte. Celles-ci ont poussé dans le silence et la patience.

Une seule question importe: "Auquel de ces deux sarments puis-je comparer ma vie ?"

Jésus a dit: "Je suis la vigne, vous êtes les sarments. Demeurez en Moi, greffezvous à mon amour !"

Alors le Père vous nettoiera en bon vigneron et vous vivrez de la sève de l'Esprit.

Alors, votre vie sera bien plus que des mots et du vent, car vous porterez du fruit. Telle est la clef du vrai bonheur et la porte du Royaume."

Amen.

Sixième dimanche de Pâques. (3-4 mai 1997)

"Je ne vous appelle plus serviteurs, car le serviteur ignore ce que veut faire son maître; maintenant, Je vous appelle Mes amis, car tout ce que J'ai appris de mon Père, Je vous l'ai fait connaître."
(Jean 15, 9-7)

"Je ne vous appelle plus serviteurs, mais amis..."
Cette phrase qu'on lit souvent avec un attendrissement sentimental est sans doute une des plus exigeantes que le Christ ait jamais prononcées.

Etre serviteur est chose assez facile, surtout quand le maître est bon comme le "Bon Dieu"...
Il suffit de ne pas trop Lui déplaire, et si on pèche – car tous, nous sommes faibles – on se console en se disant que Dieu pardonne tout. "D'ailleurs, l'Eglise ferait bien mieux de davantage parler de l'amour de Dieu, plutôt que de donner mauvaise conscience aux fidèles."
Et cela est vrai ! Mais tellement pauvre par rapport à l'aventure d'amour – l'alliance spirituelle – que le Père nous propose en son Fils Jésus...
Vivre son baptême comme serviteur d'un Dieu, en qui on ne voit que "le Maître" qu'il s'agit de ne pas trop contrarier, ("Je fais mon petit possible... Le Bon Dieu m'aime tel que je suis."), est un peu comme utiliser un ordinateur, uniquement pour son traitement de texte (ce que je fais...). On est tellement en deçà des potentialités offertes.

"Je ne vous appelle plus serviteurs, mais amis..."
Oui, il s'agit d'une des phrases les plus exigeantes que le Christ ait jamais prononcées !
Ceux d'entre nous qui ont la chance de vivre une ou plusieurs réelles amitiés savent qu'il s'agit là d'une des plus belles et des plus difficiles aventures à partager sur cette terre.
Un ami n'est pas qu'un complice (quelqu'un qui me comprend et qui m'écoute, parfois, au risque de me conforter dans mes travers). Il est plus qu'un compagnon (celui avec qui je partage un bout de chemin dans la vie). Il est différent d'un camarade (une personne que j'apprécie et dont la présence m'est agréable).

Un ami est davantage que tout cela. Il est quelqu'un par rapport auquel j'accepte de devenir transparent – sans concession, ni complaisance – et qui accepte de vivre le même dépouillement par rapport à moi.
L'amitié se reçoit..., elle ne se provoque en aucune manière. L'amitié est gratuite. On n'achète pas un ami, ni par l'argent, ni par la flatterie.
L'amitié est lucide. Elle ne se construit qu'en vérité et bannit toute admiration excessive et tout attachement ambigu. Elle sait qu'elle n'est jamais parfaite et sans cesse à purifier.
L'amitié rend libre. Elle est étrangère à toute jalousie, à toute envie d'enchaîner

l'autre dans son affection. Elle l'encourage à prendre son envol sous d'autres cieux, si tel est son destin.

L'amitié est un combat. Elle se construit chaque jour et se mérite chaque jour. Elle mûrit avec le temps et grandit dans l'épreuve de l'inévitable déception.

L'amitié est spirituelle. Elle a pour unique ambition de grandir celui qu'on aime, de l'aider à acquérir sa pleine stature d'homme ou de femme debout.

L'amitié est réaliste. Elle ne se construit pas sur les rêves et les illusions concernant l'ami, elle est réciproque ou elle n'est pas.

Le Christ nous propose son amitié.

Il se rend transparent à nous en nous révélant Son secret le plus intime, qui est le cœur du Père.

Entrer dans cette amitié implique de notre part de vivre la même transparence: il s'agit de lui ouvrir tout notre cœur.

Le Christ va jusqu'au bout de Son Amour en donnant Sa vie pour chacun de nous.

Grandir dans cette amitié signifie le suivre là où Il nous mène. Dur, dur... Thérèse d'Avila ne déclarait-elle pas: "Seigneur, si c'est ainsi que Tu traites Tes amis, il n'est pas étonnant que Tu en aies si peu !"

Le Christ nous offre Son bien le plus précieux, l'Esprit qui L'unit au Père.

Vivre de cette amitié nous presse de désirer recevoir l'Esprit-Saint sans mesure. Vouloir être un saint et rien d'autre !

"Je ne vous appelle plus serviteurs, mais amis..."

Une des phrases les plus exigeantes que le Christ ait jamais prononcées...

Et pourtant, Il ajoute: "Je vous ai dit cela pour que Ma joie soit en vous et que vous soyez comblés de joie."

Osons entrer dans l'amitié que le Christ nous offre, même si elle nous coûte. Alors, nous goûterons cette joie que le monde ne peut offrir !

Amen.

Septième dimanche de Pâques: Célébration des Professions de Foi.
(10-11 mai 1997)

"Ils ne sont pas du monde, comme Moi Je ne suis pas du monde."
"A quoi allons-nous comparer le royaume de mon Père ?"
(Jean 17, 1-11)

Je voudrais partir une nouvelle fois du film "saint François" que les enfants de la Profession de foi ont visionné durant la retraite.

Au début du film, François revient malade après avoir passé plus d'un an en prison, suite à la guerre.

On aperçoit alors les riches maisons des notables d'Assise: de hautes tours avec de toutes petites fenêtres. Derrière ces fenêtres, chacun est affairé à acheter, vendre, vaquer à ses occupations…

Mais les fenêtres s'animent avec l'arrivée de François. Des visages apparaissent – curieux – qui regardent sa silhouette chancelante; alors les rumeurs vont bon train. "Il a fui la guerre !" "C'est un lâche …!"

Ces riches tours avec de toutes petites fenêtres sont à l'image du monde: nous nous construisons tous si facilement une haute carapace pour nous donner de l'importance et nous protéger les uns des autres. Car nous avons peur d'être jugés.

Derrière cette carapace, nous vivons notre petite vie, avec ses ambitions, joies et peines… Avec nos lois, aussi: "Il faut se faire une place au soleil ! Etre compétitif ! Ne pas se laisser faire ! Ne pas être trop bon !"

Et quand nous sortons la tête par la petite fenêtre, c'est si souvent pour juger quelqu'un d'autre.

Celui qui en reste là – même s'il fait mille ans de catéchisme, même s'il croit tout ce que l'Eglise raconte – ne comprendra jamais rien au Royaume dont parle Jésus.

Revenons au film. Bien vite, arrivent les parents de François qui l'amènent chez eux, dans leur grande et riche tour, où ils le font soigner par les meilleurs médecins de la ville.

Mais François a changé: il refuse d'encore vivre derrière une tour.

Un jour, un moineau se pose sur le balcon de la petite fenêtre de la chambre où il est alité. François – qui va mieux – se lève et veut le prendre entre les mains. Mais l'oiseau s'envole pour se poser un peu plus loin sur le toit.

Alors, le jeune homme passe par la fenêtre et, en marchant en équilibre sur les toits, suit l'oiseau qui sautille.

Evidemment, toutes les petites fenêtres des riches tours d'Assise se réveillent et en sortent des têtes qui crient au fou.

Mais François ne les écoute pas. Il a rejoint le moineau, le prend doucement dans ses mains, l'embrasse et puis, l'envoie s'envoler au zénith.

Ce moineau est le symbole de l'Esprit-Saint.

Telle est l'aventure de celui qui a découvert le trésor du Royaume: il sort de sa petite fenêtre – de sa carapace, de son image de marque, de son rôle social – et en équilibre instable sur les toits suit l'appel de l'Esprit. Une fois qu'il l'a rejoint, il le prend pour le relâcher, car l'Esprit ne peut être prisonnier. Et les gens le prennent pour un fou.

Un autre jour, François descend dans les caves de la riche tour de ses parents.

Il y découvre le sombre et puant atelier de teinture des étoffes que vend son père. Il voit la souffrance des ouvriers. Alors, il les fait sortir dans le jardin pour goûter aux joies du soleil…, ce qui ne fera pas trop plaisir à son papa.

Ces ouvriers sont le symbole de nos souffrances.

Celui qui découvre le trésor du Royaume – qui refuse de rester prisonnier de sa grande tour – doit apprendre à descendre dans ses caves…, au plus profond de soimême.

Là, il découvre toutes ses peurs, ses souffrances…

S'il a le courage de faire remonter toutes ses blessures, afin que le soleil de l'amour de Dieu puisse les guérir…, alors, sa vie se transforme et il découvre une joie que rien ne peut lui enlever. Alors aussi, il comprend qu'il doit se mettre au service de ses frères qui souffrent…, non pas par charité, par simple logique de vie.

Alors, il est comme la petite graine qui commence à grandir et porter du fruit.

Alors, la Profession de foi est plus que des phrases qu'on a apprises au catéchisme et qu'on répète comme de bons enfants sages…, avant de tout laisser tomber à l'adolescence.

Car la foi fait partie de la vie. Je découvre que Dieu est comme un petit moineau qui, tout doucement, m'invite à quitter ma triste tour de solitude pour prendre la route de la vie avec Lui, main dans la main.

Alors, je n'ai plus peur des dangers du monde, des autres, de Dieu…, et de moi-même. Car je ne suis plus seul. Avec moi, marche un Ami qui ne me quittera pas…, quoi qu'il arrive !

Ce chemin de vie commence aujourd'hui…, et ne cessera jamais.

Amen.

La Pentecôte: Dieu nous envoie Son Esprit

Dimanche de Pentecôte. (17-18 mai 1997)

"Si quelqu'un a soif, qu'il vienne à Moi, et qu'il boive, celui qui croit en Moi !" Comme le dit l'Ecriture: "Des fleuves d'eau vive jailliront de son cœur". En disant cela, Il parlait de l'Esprit-Saint.
(Jean 7, 37-39)

Prenez l'ordinateur "Deeper blue" qui a battu le champion du monde aux échecs... Coupez le courant électrique: vous n'avez plus qu'une machine stupide, inerte, encombrante et inutile.

Prenez la Ferrari de Schumacher... Otez le carburant: reste un amas de tôles et de caoutchouc, mois rapide qu'un escargot !

Prenez l'animal le plus puissant de la création ou l'homme le plus intelligent... Enlevez-lui la vie: cela donne un cadavre froid, un amas de cellules biologiques en état de décomposition.

Ce que le courant électrique est à l'ordinateur, ce que le carburant est au bolide, ce que la vie est à l'être biologique, ainsi est l'Esprit-Saint à l'Eglise.

L'Esprit est l'âme de l'Eglise. Sans Son souffle, elle n'est qu'un cadavre, une création de l'Histoire appelée à disparaître comme tout le reste.

Faites abstraction de l'Esprit-Saint, et l'Eglise apparaît comme une association religieuse avec de bons principes, des "valeurs positives", mais aussi des tendances à l'intransigeance, voire au sectarisme; un groupement qui a souvent fait des erreurs au cours de son histoire. On en fait partie, "parce qu'on a été éduqué comme ça."

Dans cette Eglise, il y a des convaincus et des non-pratiquants, des conservateurs et des progressistes, des réalistes et des illuminés, des tolérants et des sectaires...

C'est un pareil regard que la plupart des gens et même beaucoup de chrétiens posent sur l'Eglise. Une vision empreinte de sympathie ou de défiance, selon les a priori.

Ce regard n'est pas faux, mais il n'est que "charnel", pas "spirituel".

Avec ce même regard charnel, on dira de notre paroisse qu'elle est remplie de ressources humaines, relativement jeunes, assez intellectuelles, plutôt bien-pensantes et parfois trop polies..., avec un curé jeune et dynamique, mais qui en fait trop, qui n'est jamais là, parfois un peu trop sûr de lui ou trop inexpérimenté...

Fort juste tout cela..., mais je pourrais aussi bien décrire de la sorte un club de sport ou d'une moyenne entreprise. Ce regard charnel ne dit rien sur l'espérance chrétienne qui transfigure.

La vision de l'Eglise qu'il dégage ne change pas ma vie et, personnellement, je n'ai aucune envie de lui consacrer ma vie.

Seul celui qui jette un regard "spirituel" sur l'Eglise – un regard porté par l'Esprit – pourra appeler celle-ci "ma Mère".

Une Mère qui, parmi ses enfants, ne fait pas de distinction entre convaincus et nonpratiquants, conservateurs et progressistes, réalistes et illuminés, tolérants et sectaires… mais, qui rassemble sous le souffle de l'Esprit des êtres blessés par le péché et la souffrance du monde, mais illuminés par la rencontre du Ressuscité.

Cette rencontre leur a "donné soif de l'Eau vive" et ils ont commencé à boire – parfois bien timidement – à la source de l'Esprit.

Alors, petit à petit et au rythme de chacun, l'Esprit a commencé à guérir ce qu'il y avait de malade en eux, raffermir ce qui était faible, épanouir ce qui était crispé…, et l'Eglise est devenue la matrice où ils ont reçu une vie nouvelle.

En effet, tout doucement – car Dieu est patient – est né en eux, dans le sein maternel de l'Eglise, l'homme nouveau…, celui qui n'est pas à la ressemblance de ce monde où tout n'est que masque et jeux de rôles, mais celui qui est à la ressemblance du Christ où tout n'est que visage et vie en vérité.

"Si quelqu'un a soif, qu'il vienne à Moi et qu'il boive, celui qui croit en Moi !" Comme le dit l'Ecriture: "Des fleuves d'eau vive jailliront de son cœur."

En ce jour de Pentecôte, ayons soif de l'Esprit. Buvons à la source qui jaillit du cœur du Christ et qui conduit au Père.

Amen.

Les fêtes de Dieu

Huitième Dimanche: La Sainte Trinité. (24-25 mai 1997)

"Baptisez-les au nom du Père, et du Fils, et du Saint-Esprit."
(Matthieu 28, 16-20)

L'énoncé est bien connu: "Inutile d'essayer de comprendre la Trinité à partir des mathématiques" !
Et pourtant – moi qui ne suis pas matheux pour un sou – je vous propose d'en faire…

L'erreur est peut-être de vouloir penser la Trinité en terme d'addition: 1+1+1=1…, c'est plutôt difficile à concevoir.
La logique de l'addition est d'assembler des éléments extérieurs les uns aux autres…, des éléments qui formeront un assemblage, mais jamais une unité: 1 pomme + 1 pomme, cela donne 2 pommes et non une "popomme".

Beaucoup de chrétiens conçoivent leur vie de baptisé en terme d'addition, d'assemblage d'éléments étrangers les uns aux autres: moi, ici, je dois être bien gentil avec mon prochain, là-bas, pour faire plaisir au gentil Bon-Dieu, là-haut.
Ainsi moi + l'autre, nous serons deux à être "assemblés" à ce grand Troisième qu'on appelle Dieu.
Avec cette logique, ma relation aux autres reste extérieure… La preuve est qu'instinctivement, je vais répartir ces autres en catégories (amis/ennemis; sympa/antipathiques; supérieurs/inférieurs), que je pourrai additionner en sousensembles ou soustraire de mes relations à ma guise.
Insidieusement, cette logique d'addition remplace l'alliance d'amour avec Dieu par des comptes d'apothicaires: j'additionne mes petites vertus, je soustrais mes petits vices…, et le total me donne mon état de sainteté !
La logique de l'addition ne convient ni pour comprendre la Trinité, ni pour vivre de son baptême.

Restons pourtant dans les maths et remplaçons la logique de l'addition par celle de la multiplication. Un jeune homme m'a un jour expliqué que Dieu était amour et que la logique de l'amour n'était pas l'addition, mais la multiplication.
Ceci permet de mieux comprendre l'unité entre les trois personnes de la Trinité, car même moi qui n'y connais rien en arithmétique, je sais que 1 x 1 x 1 = 1.

Il y a cependant ici plus qu'un subtil petit jeu de chiffres.
Tout d'abord, le contraire de la multiplication est la "division" et "diable" signifie justement "Diviseur".
Ensuite, le mystère de la Trinité nous parle de la vie intime de Dieu, qui est ce flot continu d'amour entre le Père et le Fils dans l'unité de l'Esprit. La logique de la

multiplication nous aide à comprendre que dans cette intimité divine, rien n'est "addition", juxtaposition des Personnes divines, mais tout est multiplication: le Fils aime le Père "autant de fois" que le Père aime le Fils, c'est-à-dire, à l'infini. Cet amour, à la fois unique, multiplié et multiplicateur, est le feu de l'Esprit.

La logique de la multiplication nous parle aussi de notre baptême.

Par mon baptême au nom du Père, du Fils et du Saint-Esprit, je suis introduit avec toute mon intimité dans la Trinité, c'est-à-dire, dans la vie intime de Dieu.

Laisser agir la grâce de mon baptême signifie laisser toute mon intimité être – petit à petit – "multipliée à l'infini" par l'amour qui unit le Père et le Fils dans l'Esprit.

Quand je suis amoureux de quelqu'un, toute mon intimité en est retournée, régénérée…, multipliée par l'amour que je porte à cette personne. Laisser agir son baptême signifie vivre cela au niveau de l'infini de Dieu.

Ce que j'ai de plus secret, de plus personnel (mes grands rêves, mes désirs inassouvis, mes blessures les plus profondes, mes peurs les plus ancrées), l'Esprit en moi peut les travailler, les régénérer, les guérir…, les multiplier par l'infini de l'amour divin.

Ainsi, ma vie entre – pas à pas – dans la vie d'amour de la Trinité. Comme l'écrit saint Paul aux Romains, je deviens "héritier avec le Christ" de tout l'amour du Père. Poussé par l'Esprit, je crie vers le Père en l'appelant: "Abba…!" "Papa".

Alors aussi, toute relation aux autres devient (et je sais que cela peut prêter à confusion et donc faire sourire…), "une relation intime…", c'est-à-dire, une relation de cœur à cœur, de visage à visage, une relation de confiance qui ne se nourrit que de l'essentiel…, pas du superficiel.

Je passe donc de la logique de l'addition d'individus répartis en catégories (amis/ennemis; sympa/antipathiques; supérieurs/inférieurs) à celle de la multiplication: nous sommes tous frères appelés à dépasser nos "divisions" en multipliant nos petites vies limitées par la force illimitée de la vie intime d'amour entre le Père et le Fils, dans le feu de l'Esprit.

Cela, ce n'est plus des mathématiques… C'est notre histoire d'amour avec Dieu.

Amen.

Le temps ordinaire: Vivre au quotidien l'aujourd'hui de Dieu

Dixième dimanche. (7-8 juin 1997)

"Amen, Je vous le dis: Dieu pardonnera tout aux enfants des hommes, tous les péchés et tous les blasphèmes qu'ils auront faits. Mais si quelqu'un blasphème contre l'Esprit-Saint, Il n'obtiendra jamais le pardon."
(Marc 3, 20-35)

Le Christ est en colère et la mise en garde qu'Il adresse est sans doute une des plus dures qu'Il ait jamais prononcées.

Face à ces scribes qui ne veulent pas voir que Dieu œuvre en Lui et qui Le traitent de possédé, Il déclare que tous les péchés, toutes les faiblesses seront pardonnés: vols, meurtres, luxure, orgueil, vanité, égoïsme...

Tous..., sauf le péché contre l'Esprit-Saint.

Cela donne froid dans le dos. On n'est pas habitué à un tel langage de la part de Celui qui a dit qu'il fallait pardonner 77 x 7 x à ses ennemis, c'est-à-dire, toujours.

Alors, de quoi s'agit-il ? Qu'est-ce que ce fameux péché contre l'Esprit-Saint ?

Je n'ai pas l'ambition de donner une réponse définitive à une question que se sont posée des générations de théologiens.

Cependant, un mot me vient à l'esprit: celui de "mensonge". L'Esprit-Saint est l'Esprit de vérité... Le péché contre l'Esprit est de l'ordre du mensonge.

Mais attention, pas de n'importe quel type de mensonge, car le mensonge existe sous plusieurs formes.

Il y a tout d'abord le mensonge qui est une contrevérité, dite pour ménager ou pour éviter de blesser la personne à qui on s'adresse. ("Mais quel beau sermon, Monsieur le Curé !"), s'exclame le paroissien que l'ennui a assoupi tout le long de la prédication.)

Ce type de contrevérité n'est pas automatiquement un péché. Elle est parfois une nécessité. (P.ex. quand on cache à un grand malade certaines vérités qu'il n'est pas encore prêt à entendre.) Parfois aussi, il s'agit d'une solution de facilité qui installe l'hypocrisie au cœur d'une relation... Toute vérité n'est pas toujours bonne à dire, mais il ne faut pas non plus sans cesse l'esquiver.

Cependant, même si hypocrisie il y a, elle sera pardonnée.

Il y a ensuite le mensonge comme tromperie pour berner la personne à qui il est destiné. ("Mes bien chers paroissiens, le résultat des 5 dernières collectes est désastreux ! Notre paroisse court tout droit à la faillite. Il va falloir faire un effort tout particulier.")

Quand il ne s'agit pas d'une plaisanterie ou d'une tromperie pour éviter un plus grand mal, il y a péché, car la tromperie tue la confiance.

Cependant, la tromperie sera pardonnée.

Il y a encore le mensonge comme manipulation.

Ce type de mensonge est bien plus subtil: il mêle le faux au vrai afin de polluer la vérité…, de la rendre trouble pour mieux la contourner. ("Pourquoi encore écouter le message moral de l'Eglise ? Elle a fait tant d'erreurs par le passé. Son message ne peut donc qu'être faux ou dépassé.")

La manipulation qui parasite la vérité est un grave péché, car il pourrit la vérité de l'intérieur et empêche toute communication authentique.

Cependant, même la manipulation sera pardonnée.

Il y a enfin le mensonge sur le mensonge…, le mensonge qui se ment à lui-même, de sorte que celui qui ment se rend incapable de prendre conscience de son mensonge: il vit du mensonge. Pour lui, le mensonge est vérité.

C'est un peu le drame de ces scribes, tellement prisonniers de leurs pieux mensonges, que face à l'œuvre de Dieu manifestée avec éclat en Jésus, ils ne peuvent que la rejeter comme œuvre du Prince du mal, car celle-ci les dérange.

Les autres types de mensonges nous donnent mauvaise conscience. En effet, le remords est cette douleur que cause la lumière de la vérité quand elle rencontre nos obscurités.

Par contre, le symptôme de ce mensonge "au carré" – ce mensonge qui se ment à lui-même – est qu'il n'y a plus de remords, car tous les chemins d'accès de la lumière de la vérité vers la conscience sont coupés… Ne reste qu'un sourd et diffus désespoir; une lourde tristesse qui se proclame joyeuse.

Il ne s'agit pas du manque d'espoir de celui qui a trop souffert et qui n'en peut plus, mais bien du désespoir de celui qui ne supporte plus l'éclat de la vérité, car les ténèbres sont devenues sa demeure.

Ici, nous touchons au péché contre l'Esprit-Saint, l'Esprit de vérité.

Non pas que Dieu ne veuille pardonner, que du contraire. Mais celui qui demeure dans ce péché est imperméable à ce pardon et à la guérison qu'offre l'EspritSaint, car pour lui, l'œuvre de l'Esprit est celle du Mauvais.

Demandons à l'Esprit de nous faire aimer la vérité, de nous préserver du mensonge…, et par-dessus tout, du mensonge à nous-mêmes.

Amen.

Douzième dimanche. (21-22 juin 1997)

Jésus leur dit: "Pourquoi avoir peur ? Comment se fait-il que vous n'ayez pas la foi ?"
(Marc 4, 35-40)

Le soir venu, Jésus dit à ses disciples: "Passons sur l'autre rive."
C'est un des Evangiles préférés de notre bon Abbé PAQUOT. Il y voyait une vivante parabole de la vie.
En effet, la vie est un perpétuel passage sur l'autre rive: du bébé à l'enfant, de l'enfant à l'adolescent, de l'adolescent à l'adulte, de l'adulte au vieillard, du vieillard au trépassé en Dieu...
Un éternel passage avec ses défis et ses épreuves, ses coups de vent et ses violentes tempêtes.
Celles-ci sont telles, que parfois nous croyons chavirer... Alors, nous crions vers le Seigneur, qui – si souvent – semble dormir sur la barque... Parfois même, Il ne se réveille pas..., et nous nous mettons à douter de Sa présence.
Et le Christ de nous lancer: "Pourquoi avoir peur ?"

"Pourquoi avoir peur ?"
Je voudrais réfléchir avec vous sur ce sentiment que nous connaissons tous: la peur.
La peur est ce raidissement de l'âme devant ce qu'elle ne maîtrise pas: j'ai peur de rater un examen (une fois l'examen passé – réussi ou raté – je n'ai plus peur: je suis soulagé ou désolé...), peur de perdre mon emploi, peur de me tromper, de décevoir...
La peur est le tribut à payer pour notre liberté. Si nous étions des automates, avec une vie réglée comme un programme d'ordinateur, nous ne connaîtrions pas la peur.

Comme sentiment, la peur n'est pas un péché... Même le Christ a ressenti la peur au jardin de Gethsémani.
Par contre, cette peur peut devenir occasion de péché..., sous la forme de la paralysie et celle de l'aveuglement.

La paralysie est le péché de celui que la peur tétanise. (Pensez à l'oiseau pétrifié de peur devant le chat.)
Le paralysé reste à quai, sur la terre ferme, "entre les jupes de sa mère", car il sait que pour "passer sur l'autre rive", il devra affronter la tempête.
Celui-là ne deviendra jamais adulte et donc libre.
"Pourquoi avoir peur ?" nous lance le Christ. "Je n'ai jamais promis qu'il n'y aurait pas de tempête. Je n'ai pas promis, non plus, de me réveiller à chaque fois. J'ai simplement promis de rester avec toi dans la barque et de te mener sur l'autre rive... Alors, quitte ton cocon familial et ta sécurité, pour passer sur l'autre rive."
Celui que la peur paralyse ne croit pas assez qu'Il est fils du Père. Que même dans les épreuves les plus crucifiantes, Dieu ne quittera pas sa barque, mais

l'emmènera sur l'autre rive.

Jésus, Lui, a assumé jusqu'au bout sa condition de Fils de Dieu. Malgré la peur, Il a affronté le grand passage de la Croix. Par son Amour victorieux, Il a calmé la tempête de la mort et est devenu le Garant et le Chemin vers la rive de la Résurrection que nous pouvons toucher, dès maintenant, chaque fois que nous sortons vainqueur du tombeau de nos peurs.

L'aveuglement est un piège plus subtil de la peur, car il est le refus de regarder en face cette peur…

L'aveuglé refuse de voir que ce n'est qu'une frêle barque qui lui a été donnée pour passer sur l'autre rive. Il va donc la blinder mentalement et s'imaginer qu'il s'agit d'un puissant cuirassier.

C'est sûr qu'il sera bien équipé contre les bourrasques de la vie dans sa traversée vers l'autre rive.

Il paraîtra fort aux yeux des hommes. Il le dira sans peur, car il sera sans pleurs. (Ce qui n'est pas la même chose !)

Cependant, protégé par la tôle de son cuirassier, notre homme ne sentira que fort peu la caresse du vent, la gifle des vagues. Le mal de mer et les tourelles d'acier surplombant son navire ne lui permettront pas de goûter le soir, en s'émouvant, la beauté d'un ciel étoilé.

Celui-là a oublié qu'il est fils de la terre. Qu'il a un corps frêle qu'il doit habiter, et une âme fragile et complexe qu'il faut aimer avec lucidité… Bref, qu'il faut accepter d'être un homme avant de vouloir devenir un saint !

Jésus, Lui, n'a pas oublié qu'Il est fils de la terre, fils de Marie, villageois de Nazareth.

Avant de se révéler comme Messie, Il a vécu, au moins trente années dans l'anonymat…, une vie d'homme, tout simplement… avec ses joies et ses peines, ses bourrasques et tempêtes.

Pourtant, dans l'atelier discret du charpentier de Nazareth, déjà Il passait sur l'autre rive.

Amen.

Quatorzième dimanche. (5-6 juillet 1997)

Jésus leur disait: "Un prophète n'est méprisé que dans son pays, sa famille et sa propre maison." Et là, Il ne pouvait accomplir aucun miracle; Il guérit seulement quelques malades en leur imposant les mains. Il s'étonna de leur manque de foi.
(Marc 6, 1-6)

J'aimerais vous entretenir de la différence entre "l'admiration" et "l'émerveillement".

L'admiration est un sentiment assez naturel chez l'homme: on admire ce qui nous paraît grand, beau, bon…, ce qui nous sert d'exemple, de modèle, de héros, d'idole, d'archétype…

On peut admirer une ville, une œuvre d'art, un homme…, peu importe; le point essentiel est que l'on se sent petit par rapport à ce que l'on admire.

L'admiration ne subsiste qu'avec la distance: je ne puis admirer que ce que je place sur un piédestal.

L'intimité tue l'admiration.

Prenons un exemple. Beaucoup de gens admirent la ville de Rome. Y ayant habité trois ans, je ne l'admire plus, car j'ai trop connu ses petits côtés…, saleté, désorganisation, banditisme. (Ceci ne veut pas dire que je n'apprécie pas Rome: au contraire, je m'y sens un peu chez moi.)

Un autre exemple. Comme prêtre, il arrive souvent que des rencontres de passage nous mettent sur un piédestal. "Comme je vous admire !" est une chose qu'on nous lance à l'occasion. Par contre, aucune personne partageant un tant soit peu mon intimité ne m'a jamais dit qu'elle m'admirait. Tout simplement parce qu'en partageant mon intimité, elle s'est bien vite rendu compte que – pas plus qu'un autre – je n'étais "admirable".

L'intimité tue le sentiment d'admiration. Un héros, une idole, un modèle ne garde son statut qu'en gardant la distance de son piédestal. Si l'intimité le fait descendre de ce piédestal, il redevient un homme, tout simplement.

Tout autre que l'admiration est l'"émerveillement".

Si on n'admire bien que de loin, on ne s'émerveille que de près. Si on admire bien que ce qui se trouve sur un piédestal, on ne s'émerveille que devant ce qui nous est tout proche.

Je m'émerveille devant une fleur qui éclôt, un coucher de soleil, un enfant qui m'embrasse en me disant "merci", un ami qui me fait du bien.

Au risque de choquer, je crois pouvoir affirmer que le Christ n'était pas "admirable" et qu'Il n'a jamais cherché à être "admiré".

S'il en avait été autrement, les habitants de son village de Nazareth – qui avaient partagé son intimité – l'auraient reconnu pour Messie bien avant le début de son ministère public.

Au lieu de cela, ils sont choqués: "Pour qui se prend-il, le fils de la Marie, ce petit charpentier, cet enfant du pays ?"

Le Christ n'a pas cherché à engendrer l'"admiration" pour Lui, mais à susciter l'"émerveillement" devant l'œuvre du Père réalisée par Lui, avec Lui et en Lui, dans la force de l'Esprit-Saint.

Si au lieu de chercher un Messie admirable, les Nazaréens s'étaient émerveillés devant la parole et les actes de Jésus, alors peut-être auraient-ils compris.

Il en est de même pour nous aujourd'hui.

Je vous pose la question: "Y a-t-il un prophète au Sart-Tilman ?"

Si nous cherchons un être admirable, nous répondrons bien vite par la négative... Nous nous connaissons trop bien les uns les autres et nul n'est prophète en son pays.

On se tournera donc vers les valeurs refuges de notre Eglise: Mère Thérésa, Sœur Emmanuelle... C'est tellement plus facile de reconnaître des prophètes au loin, c'est-à-dire, ailleurs qu'autour de soi.

Par contre, si nous apprenons à nous émerveiller, alors seulement verrons-nous l'œuvre de Dieu éclore chez ceux qui nous sont les plus intimes.

Alors, peut-être me répondrez-vous: "C'est merveilleux ! Mon mari grincheux, mes enfants espiègles, mon épouse tracassée, ma vieille maman, mon voisin bizarre..., et même parfois mon curé. Tous peuvent devenir par moment prophètes pour moi, c'est-à-dire, parole de Dieu."

Alors, peut-être aussi, une voix vous murmurera à l'oreille: "Et toi, as-tu le désir d'être prophète pour tes proches ?"

Amen.

Quinzième dimanche. (12-13 juillet 1997)

Jésus appelle les Douze, et pour la première fois, Il les envoie deux par deux.
(Marc 6, 7-13)

Jésus envoie ses apôtres en mission "deux par deux…"
Etre à deux est précieux. Cela rassure, rend plus fort, stimule, "complémentarise".
Il y a la vie de couple: bâtir une famille, deux par deux. Il y a l'amitié: cheminer dans la vie, deux par deux. Il y a la complicité spirituelle: se grandir et s'encourager dans la foi, deux par deux. Il y a l'entraide mutuelle: s'épauler et se relever, deux par deux.

Il y a, aussi, la vie en Eglise.
Le Christ a dit: "là où deux ou plus sont réunis en Mon nom, Je suis au milieu d'eux."
C'est le sens même de la pratique dominicale.
Ceux qui disent: "je n'ai pas besoin d'aller à la Messe pour être chrétien, je prie bien tout seul", expriment par là – non sans pertinence – qu'ils refusent l'Eucharistie comme un but en soi…, (avoir "Sa Messe.").
Cependant, ils oublient que pour un chrétien, vivre l'Eucharistie n'est pas une obligation stérile tombée de je ne sais quel ciel, mais un rendez-vous d'amour qui découle de la logique même de la vie chrétienne.
On n'est pas chrétien de manière individualiste. Jésus envoie, au moins, deux par deux. Les anciens disaient: "<u>unus christianus, nullus christianus</u>" ("un chrétien, pas de chrétien").
C'est pourquoi, depuis les origines, les chrétiens se rassemblent le dimanche – jour de la résurrection du Seigneur – pour ensemble recevoir la Parole, ensemble prier et intercéder, ensemble "communier" (le mot le dit) à la présence du Seigneur qui veut nous nourrir de Sa vie.

Un chrétien n'est pas un individualiste. Jésus envoie deux par deux. Et pourtant, comme tout homme, il connaîtra la solitude.
En effet, aucun cheminement "deux par deux" ne comble totalement. Les meilleurs couples, les plus belles amitiés, les plus fortes complicités ont leurs limites. Au plus profond de son cœur, l'homme se sent toujours un peu sur une île déserte.
Chez certains, cette solitude est tellement lourde qu'elle engendre encore plus de solitude: ils s'emmurent dans leur détresse. Les autres ont beau chercher à les rejoindre, il y a comme des douves tout autour et le pont-levis reste désespérément levé.

Ici, il est bon de se rappeler que seul, un amour infini peut combler totalement le cœur de l'homme et que seul, l'amour de Dieu arrive à percer notre intimité la plus secrète.

La solitude peut être féconde, car Dieu parle dans la solitude.

Il s'agit dès lors, de vivre nos différents envois "deux par deux" sans crispation, mais avec un "attachement détaché": l'autre n'est jamais un "bouchesolitude", mais un partenaire qui m'aide à découvrir que Dieu est présent à moi en toute chose, même dans la solitude.

Amen.

Dix-neuvième dimanche. (9-10 août 1997)

"Moi, Je suis le pain qui est descendu du ciel (...) Moi, Je suis le Pain de vie." **(Jean 6, 41-51)**

Une fois n'est pas coutume, je voudrais commencer par vous parler de la première lecture.

Le prophète Elie est un homme brûlant de zèle pour Dieu. Seul, il a résisté à tous les prêtres de BAAL et les a vaincus.

Mais l'hostilité reprend... Elie est accablé par la fatigue, la lassitude, et le poids de ses propres faiblesses. Bref, il en a marre et il déprime !

C'est là que la plus subtile des tentations du Diviseur vient lui chatouiller les narines: le découragement... qui est l'antichambre de la désespérance.

"Maintenant Seigneur, c'en est trop ! Reprends ma vie: je ne vaux pas mieux que mes pères" *(1 Rois, 19)*.

Traduisez: "Seigneur, ma vie est un gâchis, j'en ai assez bavé comme ça; c'est par où la porte de sortie ?"

Alors, le Seigneur vient à sa rencontre afin de le nourrir de pain et d'eau.

Son message est: "Non, Elie, Je ne t'ai pas abandonné, mais tu vas connaître un temps de désert (40 jours). Prends des forces et marche ! A l'Horeb, tu Me rencontreras."

Voici une expérience que – tôt ou tard – tous nous faisons à des degrés divers.

A un moment donné, nous avons vécu une rencontre avec Dieu, une forme de conversion à l'occasion d'un pèlerinage, une retraite, une homélie... Tel Elie, nous brûlons de zèle pour le Seigneur.

Puis, revient le "train-train" quotidien, le poids des jours et de nos faiblesses. Alors, on se met à douter de la présence de Dieu dans notre vie, car – apparemment – celle-ci ne change rien.

On se dit: "A quoi bon ?" Et on décroche.

C'est ainsi que j'entends souvent des jeunes (et des moins jeunes) me dire: "Ta Messe" (comme s'il s'agissait de "Ma" Messe !), je n'y viens plus, car c'est toujours la même chose, et dans tes homélies, tu abordes toujours les mêmes sujets (il est vrai que j'ai un "style" et que je ne suis pas toujours trop inspiré, mais je me vois mal prêcher sur la vie affective des hippopotames ou des ectoprotes). Bref, ça ne m'apporte pas grand-chose."

Ce genre de réflexion m'invite à des remises en questions, mais je tiens surtout à rappeler que l'Eucharistie n'est pas un lieu de "sensations fortes"...

Parfois, de telles sensations nous sont données et c'est tant mieux, mais en général, l'Eucharistie est à l'image de toute notre vie chrétienne, répétitive.

Elle n'est pas un spectacle. D'un point de vue théâtral, c'est même très mauvais. Les "télé-évangélistes" l'ont bien compris et ont remédié à cela.

L'Eucharistie est à l'image du pain, ce pain quotidien que nous demandons dans chaque "Notre Père": pauvre, humble, sans éclats... et pourtant nourrissant.

Le christianisme n'est pas une religion "efficace" qui nous transformera en surhommes. Si c'est ce que vous recherchez, je vous conseille plutôt la scientologie qui de ce point de vue-là, me paraît être ce qu'on fait de "mieux" pour l'instant sur le marché.

Le christianisme est tout le contraire: pas la religion d'un homme qui s'élève vers le ciel, mais celle d'un Dieu qui descend du ciel pour nous accompagner jusque dans nos pauvretés et nos découragements (tel Elie)… ("Je suis le pain descendu du ciel.")

Un Dieu qui nous nourrit, sans jamais nous gaver, de Sa Parole et de Son Eucharistie…, non pas pour nous rendre plus efficaces, forts, performants (mentalité capitaliste), mais pour faire de nous des vivants ("Celui qui mange de ce pain, vivra éternellement").

Faire de nous, des hommes et des femmes remplis de l'amour de Dieu jusque dans nos petites ou grandes morts, afin que nous puissions à notre tour être féconds, c'est-à-dire, que notre vie puisse – elle aussi – nourrir nos frères ainsi que se nourrir de leur vie.

Alors, nous pourrons faire nôtre, cette parole du Christ: "Le pain que Je donnerai, c'est Ma chair pour que le monde ait la vie."

Amen.

La Fête de l'Assomption

Vingt-deuxième dimanche. (30-31 août 1997)

"Ce peuple M'honore des lèvres, mais son cœur est loin de Moi. Il est inutile, le culte qu'ils Me rendent; les doctrines qu'ils enseignent ne sont que des préceptes humains."
(Marc 7, 1-23)

C'est la rentrée... Après deux mois de demi-sommeil, la vie politique, économique, scolaire, et paroissiale va reprendre son rythme de croisière.
Comme chaque année, cette année comportera son lot de joies et de peines, d'échecs et de réussites.
L'Evangile de dimanche nous est offert en guise de boussole.

Que reproche le Christ aux pharisiens ?
Pas leur vertu scrupuleuse, bien au contraire... Nous sommes tous appelés à la sainteté et celle-ci implique une grande exigence envers soi-même.
Il leur reproche surtout d'agir sans plus savoir pourquoi... De veiller à l'extérieur en oubliant le cœur.

La morale chrétienne n'est pas une morale du tabou...
C'est ainsi que beaucoup d'hommes la considèrent et la confondent avec un panneau "sens interdit".
Quand on demande pourquoi il faut agir de la sorte, la réponse est: "Parce que c'est comme ça et cela ne se discute pas !"
Une morale du tabou est une morale infantile, indigne d'une homme libre et responsable.
Il n'est, dès lors, pas étonnant que tant de nos contemporains – héritiers de mai 68 – aient une vision fort négative de la morale et refusent tout discours "moralisateur" auprès de la jeunesse.

La morale chrétienne n'est pas, non plus, une loi extérieure..., une espèce de "code de la route", imposé par quelque législateur pour le bien commun.
Cela était vrai pour le peuple d'Israël qui avait reçu les 10 commandements comme règle de vie.
"Agis ainsi, parce que Dieu le demande"; telle était la règle d'or du peuple hébreu.
Une morale du commandement est bonne, car elle est telle un tuteur extérieur qui permet aux fragiles plantes que nous sommes de grandir plus ou moins droit.
Cependant, une telle morale n'est pas encore pleinement adulte..., elle est encore adolescente. (En effet, l'adolescent perçoit l'autorité de ses parents, instituteurs..., comme nécessaire, mais extérieure et contraignante.)

La morale chrétienne est pleinement adulte: elle est une loi de vie toute intérieure.

Ni "sens interdit", ni "code de la route", elle est un chemin de vie que l'on choisit librement de parcourir.

Personne n'est obligé de suivre une route. D'ailleurs, quand celle-ci semble ardue à parcourir car, montant sans cesse et semée d'embûches, la tentation sera grande de rebrousser chemin ou de tenter de hasardeux raccourcis.

Cependant, il y a la parole du Christ qui lance: "Je suis le chemin, la vérité et la vie… La route vers le Père passe par Moi."

La loi du chrétien, c'est Quelqu'un: Celui qui vient de Dieu et qui a vécu dans une chair d'homme la volonté d'amour du Père jusqu'à tout donner.

La loi du chrétien, c'est une Force intérieure: l'Esprit qui éclaire notre marche dans la nuit.

La loi du chrétien, c'est un Idéal toujours plus haut, telle "l'inaccessible étoile" que chantait Brel: le Royaume du Père déjà en germe dans ce monde et que notre Eglise, pauvre et sainte à la fois, est appelée à annoncer en ce monde.

Si plus d'un million de jeunes se sont rassemblés à Paris, à l'invitation du vieil homme habillé de blanc, c'est peut-être parce que – confusément – ils avaient un peu compris cela.

Que cette loi de vie intérieure soit notre boussole pour l'année qui commence.
Amen.

Vingt-troisième dimanche. (6-7 septembre 1997)

Puis les yeux levés au ciel, Il soupira et lui dit: "Effata !", c'est-à-dire: "Ouvretoi." Ses oreilles s'ouvrirent; aussitôt sa langue se délia, et il parlait correctement.
(Marc 7, 31-37)

Une image m'a marqué cette semaine: c'était, à la "Une" de mon journal, une photo montrant des photographes qui photographiaient les photographes auxquels on reprochait d'avoir voulu photographier l'accident de la Princesse de Galles.

A la télé, il paraît qu'on a dénoncé toute une série de prises de vues indiscrètes de la défunte, commises par d'affreux Papparazzi..., tout en ne se privant pas de donner ces mêmes tournages clandestins en pâture aux téléspectateurs.

Notre société médiatique et publicitaire est voyeuriste... Elle veut satisfaire à outrance la curiosité malsaine qui habite en chacun de nous.

Cette véritable pollution visuelle, qui fait de nous de petits consommateurs d'images prémâchées, non seulement travaille notre imagination et développe nos peurs et fantasmes, mais, en plus, porte en elle un risque: celui de faire de nous des aveugles spirituels, incapables de "voir" en vérité.

Ce qui vaut pour la vue vaut aussi pour l'ouïe.

Nous vivons avec le bruit continu des voitures qui passent, d'une radio qui ronronne, de bavardages, d'un walkman sur les oreilles.

Habitués à ces bruits de fond, nous pouvons devenir des sourds spirituels, incapables "d'entendre" authentiquement.

Ce qui vaut pour l'ouïe vaut encore pour la parole.

On nous apprend à nous exprimer, à écrire avec un minimum de style, à briller en société.

Ce culte de la communication peut nous transformer en muets spirituels, incapables d'avoir quelque chose à "dire".

Le remède n'est pas avant tout extérieur: il ne s'agit pas de jeter sa télé par la fenêtre, de fuir tout bruit parasite, de s'interdire chaque parole futile. Quoique...

Il est également un peu facile de reporter tout blâme sur notre époque, notre société, les média, les jeunes... Notre société doit être critiquée, mais elle est ce qu'elle est et ne vit plus des bonnes valeurs victoriennes..., même la famille royale britannique s'en rend compte.

Pour nous, chrétiens, le remède n'est pas avant tout extérieur, il est surtout intérieur.

Dans l'Evangile de ce dimanche, le Christ nous laisse cette phrase: "Effata – Ouvre-toi!" !

Il peut guérir notre aveuglement, notre surdité et notre mutisme.

"Ouvre-toi !", telle est la clef.

Quand on voit un enfant s'éveiller à la vie ou un adolescent progresser…, on se dit: "Tiens, il s'ouvre."

Quand on rencontre quelqu'un qui a su nous accueillir, sans nous juger ni essayer de nous récupérer, on pense: "Voilà quelqu'un d'ouvert."

Il en va de même dans notre vie spirituelle: il s'agit de s'ouvrir à la vue spirituelle, à l'ouïe spirituelle, à la parole spirituelle…

Cela veut dire apprendre à voir comme Christ, à écouter comme Lui, à parler comme Lui.

Faites un test: mettez-vous en prière silencieuse.

Si après un moment, vous vous rendez compte que vous "marinez" dans votre jus, c'est-à-dire, que votre prière tourne uniquement autour de votre petit "moi" (joies et peines, rancoeurs et doutes) ou du grand "on" ("on dit que", "on pense que", "on juge que"…), alors, c'est que vous êtes fermés. En quittant votre prière, vous risquez d'être spirituellement aveugle, sourd, muet…, incapables de voir, d'entendre, de parler en disciples du Seigneur.

Ce n'est pas grave. Cela nous arrive à tous (et à moi très souvent).

A ce moment-là, laissez cette parole du Christ résonner en vous: "Ouvre-toi !"

Alors, l'Esprit pourra vous travailler et votre prière deviendra davantage un "je" face au "Tu" de Dieu et au "nous" des hommes.

Ainsi, votre vue deviendra un: "je vois comme Tu me vois"; votre ouïe: "un j'écoute comme Tu m'écoutes"; votre parole: "un je parle comme Tu me parles."

Amen.

Vingt-quatrième dimanche: La Croix Glorieuse. (13-14 septembre 1997)

Car Dieu a tant aimé le monde, qu'Il a donné Son Fils unique.
(Jean 3, 13-17)

Prêcher sur la "Croix Glorieuse" n'est certainement pas chose facile aujourd'hui.

Il s'agit tout d'abord de se libérer d'une caricature coriace de siècles d'histoire.

Depuis la fin du Moyen-Age – période de grands troubles (la grande peste, la guerre de cent ans) et d'une certaine décadence de la théologie – un "mal-être" s'est saisi de l'Occident chrétien, "mal-être" qui s'est traduit en une vision écrasante et terrifiante de Dieu le Père…

Le Dieu d'amour de Jésus s'était mué en "grand courroucé" qui exige le sacrifice sanglant de Son Fils comme apaisement minimal à sa colère devant le péché du monde.

"Dies irae !", Jour de la colère entonnait-t-on à chaque Requiem. "Minuit chrétien, c'est l'heure solennelle, où l'Enfant Dieu descendit jusqu'à nous. Pour effacer la tache originelle…, et de Son Père apaiser le courroux", répondaient les doux chœurs de Noël.

Puisque Jésus devait payer de son sang le péché du monde, il est normal que la croix soit devenue centrale dans la vie chrétienne et qu'on ait fait une certaine apologie de la souffrance: "Plus vous souffrez, plus vous ressemblerez à Jésus crucifié !"

Or, cette vision est tronquée et ne correspond pas à l'authentique tradition de l'Eglise.

Il ne faut jamais oublier que cette croix, que les chrétiens arborent aujourd'hui en bijou sous la forme de jolis pendentifs en or, est en fait un des plus horribles instruments de torture que la folie humaine ait jamais inventé !

La mort sur la croix était une lente mort par asphyxie que les Romains réservaient aux esclaves et aux barbares… Pour les citoyens romains – comme saint Paul – il y avait la plus noble (et rapide) décapitation.

Pas étonnant que les chrétiens aient attendu plus de deux siècles pour oser représenter les premières croix… Et encore, c'étaient des croix avec un Christ en majesté et non pas sanguinolent comme les nôtres.

Saint Paul – encore lui – sait que cette croix n'est pas évidente, quand il lance: "Nous prêchons un Christ crucifié, scandale pour les Juifs, folie pour les autres."

Pourtant – Jansénisme oblige – l'éloge quelque peu masochiste de la Croix et de la souffrance a encore bercé nos anciens catéchismes et hante toujours certains textes de la liturgie…

Ce fut le grand mérite de Thérèse de Lisieux…, cette jeune carmélite normande, de commencer à nous guérir de cela.

Ce n'est pas pour rien qu'elle sera bientôt déclarée "Docteur de l'Eglise", c'est-à-dire, guide majeur de la pensée de l'Eglise.

En effet, elle, qui n'avait jamais fait de théologie, a retrouvé l'intuition de l'Evangile et des grands penseurs des premiers siècles: "Car Dieu a tant <u>aimé</u> le monde, qu'Il a donné Son Fils unique."

Avec son intuition toute féminine, Thérèse ressent qu'une seule chose sauve et est digne de Dieu: l'Amour.

Non pas l'amour facile, romantique ou jouisseur que le monde propose comme triste contrefaçon. Non ! l'Amour vrai…, celui – comme dit saint Paul – qui excuse tout, croit tout, espère tout, supporte tout. Cet amour qui ne passe jamais.

Alors, oui…, celui qui aime découvre que l'Amour a un prix. Il apprend qu'au nom de cet amour, il aura à "renoncer à lui-même et à porter sa croix pour suivre l'exemple du Christ."

Il n'y a pas d'authentique amour qui puisse durer sans sa part de renoncement, de sacrifice et donc de souffrance. Tous les couples, tous les prêtres, tous les consacrés, tous ceux qui aiment savent cela.

L'amour est toujours, quelque part, un amour crucifié.

Ce n'est donc pas – à proprement parler – la croix qui nous sauve, mais bien l'Amour du Christ jusqu'à l'absurde de la croix…, jusqu'au don total de Sa vie.

La croix est devenue glorieuse, car en Jésus de Nazareth, cet horrible instrument de supplice est devenu signe d'amour absolu et – par Sa résurrection – étendard de la victoire sur le mal.

La croix est devenue glorieuse, car le chrétien croit que rien – ni les guerres, ni les maladies, ni les méchancetés gratuites, ni la famine, ni aucune autre croix en ce monde – non, rien ne peut séparer les hommes de l'amour de Dieu révélé pour nous en Jésus-Christ, Victorieux de la croix.

Amen.

Vingt-cinquième dimanche. (20-21 septembre 1997)

Mais les disciples ne comprenaient pas ces paroles et ils avaient peur de l'interroger
(Marc 9, 30-37)

On parle aujourd'hui beaucoup du besoin de communiquer... Et on fait bien, car c'est fort important.

Cependant, si on n'y prend garde, la communication peut se muer en un vaste écran de fumée qui – au lieu de créer des liens entre les hommes – nous enferme encore davantage dans notre tour d'ivoire.

Pour communiquer en vérité, il faut parfois oser dire la parole qui dérange.

Evidemment, il ne s'agit pas de blesser l'autre, ni de lui parler sans prendre des gants...

Néanmoins, il n'est pas bon – non plus – de sans cesse chercher à le rassurer, en ne disant que ce qu'il a envie d'entendre... et qui ne correspond pas à ce que nous pensons intérieurement.

L'homme le plus seul du monde est celui qui n'est entouré que de courtisans et de flatteurs.

Le Christ ose la parole qui dérange: au lieu de chercher à gonfler à bloc ses disciples, persuadés du futur triomphe de leur Maître, Il leur annonce que cela ne se passera pas comme ça... "Le Fils de l'homme est livré aux mains des hommes; ils le tueront et, trois jours après Sa mort, Il ressuscitera."

Pour communiquer en vérité, il faut aussi vouloir entendre la parole qui dérange.

Il n'y a pas plus sourd que celui qui ne veut pas entendre.

L'Evangile nous dit que "les disciples ne comprenaient pas ces paroles et ils avaient peur de l'interroger..."

Ils ne sont pas prêts intérieurement à accueillir ce message qui dérange... Alors, on fait semblant de n'avoir rien entendu et on reste dans le "non-dit"... Ce silence pesant et lourd qui étouffe toute relation.

En effet, à force d'accumuler les sujets dont on n'ose plus parler, on finit par n'avoir plus rien à se dire.

Pour communiquer en vérité, il faut enfin être en vérité dans son rapport à l'autre.

Il arrive que ce rapport soit un rapport d'autorité – un rapport hiérarchique – mais, il ne doit jamais être un rapport de domination.

Si en communiquant, je cherche à manipuler, acheter, séduire, blesser, humilier, détruire..., bref, si j'utilise la communication comme un rapport de force à l'autre – comme une arme de guerre pour me grandir ou pour l'abaisser – je fais mentir la communication.

Les disciples sont enfermés dans un rapport de force. Ils avaient discuté entre eux sur la route pour savoir qui était le plus grand.

Ils sont encore dans la logique du "pouvoir" et donc du "paraître". Leurs discussions ne sont jamais que des jeux de rôles pour singes savants.

Pour communiquer, il faut se situer dans la logique de "l'être". Je ne communique qu'à partir de ce que je suis, pour rejoindre l'autre, là où il est.

Jésus prend alors un enfant et le place au milieu d'eux.

Les enfants ne sont pas meilleurs que les adultes, mais ils communiquent plus facilement: sans doute, parce qu'ils pensent avoir moins à dire.

Ils osent poser la question qui dérange; ils savent écouter et accueillir les remarques les plus désagréables qui viennent de la part des "grands" et quand ils parlent, ils ont moins peur de dévoiler leur "moi" profond.

Et Jésus déclare: "Celui d'entre vous qui peut se faire petit pour accueillir un enfant, celui-là est grand aux yeux de Dieu."

Jésus est la Parole de Dieu aux hommes... Pour communiquer son être profond, le Père envoie Son Fils.

C'est une Parole qui dérange, que beaucoup refusent d'entendre et crucifient. C'est pourtant une Parole qui libère, qui rend libre comme un enfant.

Demandons à l'Esprit-Saint de nous faire accueillir cette Parole qui fait vivre. Ainsi, nous trouverons la force de démasquer nos masques et de communiquer en vérité.

Amen.

Vingt-neuvième dimanche. (18-19 octobre 1997)

Le Fils de l'homme n'est pas venu pour être servi, mais pour servir, et donner Sa vie en rançon pour la multitude.
(Marc 10, 35-45)

"Il a bien réussi"...
Combien de fois ne prononçons-nous pas cette petite phrase au sujet de quelqu'un qui est parvenu à un beau résultat dans sa vie professionnelle ?
Un chrétien ne doit cependant jamais oublier que derrière cette expression se cache un piège.

Une jeune religieuse, ayant passé plus d'un an au Japon, me racontait récemment, que – là-bas – l'éducation des enfants était placée sous le signe de la réussite professionnelle, dès l'école maternelle.
Il s'agit de leur donner – en tout – dès le lait maternel, la meilleure formation possible: meilleure école, cours de math. Et de langue supplémentaire... afin de leur assurer une place au soleil.
La pression de la réussite sur les jeunes est telle que le taux de suicide d'étudiants ayant échoué à un examen prend – au pays du soleil levant – des dimensions tragiques...

"Mieux vaut une tête bien faite qu'une tête bien pleine" dit la sagesse populaire et, sur ce point, elle a raison.
Il est important d'éduquer ses enfants à la dure pour les préparer à un monde exigeant, sans toutefois en faire des assistés. Cependant, vouloir en faire des perroquets savants, en négligeant l'éveil de toute leur personnalité, est une grave erreur.

"Il a bien réussi"...
La réussite professionnelle n'est pas un mal, que du contraire.
Un exemple: sans entrer dans des considérations politiques, j'avoue être personnellement fort séduit par la "réussite" du Premier ministre britannique. On sent que cet homme encore jeune est fait pour diriger une nation et cela est beau à voir.
Cependant, un chrétien ne doit jamais oublier que, derrière l'expression "réussite", se cache un piège.
"Réussir", oui... Mais en vue de quoi ?
Ici, la vie du Christ nous ramène à l'essentiel: "Le Fils de l'homme n'est pas venu pour être servi, mais pour servir, et donner Sa vie en rançon pour la multitude".
Apprenons à nos jeunes que "réussir" signifie avant tout "donner sa vie...", se mettre au service des autres pour les rendre meilleurs.

Les femmes comprennent cela plus facilement que les hommes.
L'homme porte en lui beaucoup de rêves de gloire... Quand il pense au mot "réussite", il regarde vers le ciel. Il veut "gravir les marches du succès, une à une",

afin de parvenir "au sommet". Etre "the best".

La femme est davantage reliée à la terre. Quand elle parle de "réussite", elle rêve de la joie de porter un enfant, de le mettre au monde afin de pouvoir – jour après jour – humblement, l'éveiller à la vie.

Ce sont bien deux jeunes hommes rêvant de gloire – deux jeunes "loups" aux dents longues – qui font cette demande au Christ: "Accorde-nous de siéger, l'un à Ta droite, l'autre à Ta gauche, dans Ta gloire…"

La demande de Jacques et Jean a quelque chose de tragi-comique. Ils ne savent encore rien de la "gloire" de leur Maître. Ils ne se doutent pas que Sa "réussite" passera par un échec complet à vue humaine, par le pilori de la croix: "Vous ne savez pas ce que vous demandez. Pouvez-vous boire la coupe que Je vais boire, recevoir le baptême dans lequel Je vais être plongé ?"

"Quant à siéger à Ma droite ou à Ma gauche, il ne m'appartient pas de l'accorder, il y a ceux pour qui ces places sont préparées…"

Ironie du sort également: quand le Sauveur est élevé "en gloire" sur la croix, les apôtres zélés ont disparu. Plus personne ne se bat pour avoir la place.

C'est pourquoi siègent à Sa droite et à Sa gauche deux "malfrats" qu'on crucifie avec Lui. Deux "ratés", deux hommes qui ont tout, sauf "réussi" leur vie.

Cela aussi est une dure leçon. Le Seigneur nous invite à réussir notre vie mais nous rappelle, par la même occasion, que les "ratés" nous précéderont dans le Royaume.

Cela est surtout pour nous, qui rêvons d'enfants toujours plus beaux, brillants et battants – bref plus "réussis" – un terrible avertissement. Une société humaine, où ceux qui n'ont pas "réussi" – les pauvres, les petits, les blessés de la vie – n'auraient plus leur place, cesserait par la même occasion d'accueillir le Christ et Son Evangile.

Amen.

La Fête de la Saint Hubert Saint Hubert

Trentième dimanche: Fête de saint Hubert. (25-26 octobre 1997)

Jésus lui dit: "Que veux-tu que Je fasse pour toi ?" "Rabbouni, que je voie." **(Marc 10, 46-52)**

Quand le Christ fait un miracle, ce n'est jamais pour épater la galerie. (Sinon, Il aurait fait des miracles autrement plus impressionnants). Ce n'est pas non plus pour soulager toute la misère de Son époque. (Beaucoup d'aveugles de Son temps n'ont jamais été guéris).

Non, quand le Christ fait un miracle, Il nous offre un signe visible d'une réalité invisible. Quand Il guérit un aveugle, Il nous rappelle qu'Il est venu pour guérir l'aveugle que nous sommes.

Nous fêtons aujourd'hui la Saint Hubert, Patron des grandes chasses et de notre paroisse ainsi que de Liège dont il est le Fondateur.

Les saints ne sont pas des êtres parfaits… On les présente trop souvent comme des personnes sans défauts, ni fragilités…, au point qu'ils ne paraissent plus vraiment humains.

C'est faux ! Qui sait ? Peut-être qu'Hubert avait un foutu caractère…

Un saint n'est pas un "parfait". Il s'agit de quelqu'un qui – tel l'aveugle de Jericho – a été guéri par le Christ de son aveuglement, qui – depuis – "voit" Dieu agissant au cœur de toute chose et qui – dès lors – ne vit plus qu'en fonction de cette vision.

La légende de saint Hubert exprime cela fort adéquatement. Hubert, jeune noble, "aveuglé" par sa haute origine et les plaisirs de ce monde, "voit" au cours d'une chasse la croix du Christ se dessiner entre les bois d'un cerf.

Du coup, il change de vie car désormais, il "voit" le Christ au cœur de toutes choses.

Cette légende nous enseigne que ce qui vaut, pour Hubert à la fin du VIIème siècle, vaut aussi pour nous à l'aube du XXIème.

Nous vivons dans le monde de l'image virtuelle omniprésente: on cherche à nous "ouvrir les yeux sur le monde" de mille et une manières. (Télévision, multimédia, etc.) .On n'a jamais tant "vu" sur autant de sujets…

Et pourtant, cette surconsommation d'images peut faire de nous les pires aveugles qui soient: des aveugles persuadés de mieux voir et encore bien mieux que nos aïeux et donc, convaincus d'être des guides tellement plus éclairés.

Alors, s'appliquera à nous cette parole du Christ: "un aveugle peut-il guider un autre aveugle ? Ne tomberont-ils pas tous deux dans un même trou ?"

Prenons un simple exemple:
D'ici peu, nous serons des centaines à aller "revisiter" Jurassic Park au cinéma.

Grâce aux merveilles de la technique "made in Hollywood" et au génie de maître Spielberg, nous pourrons voir à l'écran ce qu'aucun homme – même préhistorique – n'a jamais: vu ces charmants dinosaures qui occupaient notre planète bien avant nous.

On peut évidemment considérer cela comme un simple divertissement: au lieu de voir saint Hubert chasser son brave cerf, on assiste à un tyrannosaure chassant un brave explorateur...

Saint Hubert aussi considérait sa vie comme un divertissement..., jusqu'au jour où il vit une croix apparaître entre les bois d'un cerf. Alors, il cessa d'être aveuglé par les apparences de ce monde et il devint "clairvoyant".

Et si nous voyions une croix apparaître entre les crocs du tyrannosaure ?

Cela pourrait nous ouvrir les yeux... Nous verrions alors que ce reptile géant n'est pas qu'un fossile du passé ramené à l'écran par quelques prodiges de l'image virtuelle.

Nous cesserions d'être aveugles et comprendrions que le tyrannosaure, c'est, peut-être, un peu chacun de nous.

Avec cette mâchoire démesurée qui donne des coups de gueule et agresse tous ceux qui sont plus faibles que lui; avec ces minuscules bras bien trop petits pour serrer quelqu'un contre soi mais, dotés de griffes qui permettent de pratiquer merveilleusement la "gratitude" et le "recueillement" (au sens propre du terme); avec ces formidables pattes arrières qui ne servent qu'à attraper des victimes; avec cette myopie qui ne permet de voir que ce qui s'agite et non ce qui est immobile et silencieux; avec ce sang froid de reptile dont le cœur est incapable de se réchauffer de l'intérieur..., ce cher Tyrannosaure, ne nous ressemble-t-il pas un tout petit peu ?

Jésus demanda à l'homme de Jéricho: "Que veux-tu que Je fasse pour toi ?"
Bartimée, sachant qu'il était aveugle, Lui dit: "Rabbouni, que je voie."
Nous sommes tous quelque part aveugles. Demandons à Jésus de nous aider à guérir de cela.
Alors – tel saint Hubert – nous apprendrons à voir la vie avec les yeux du Christ.
Alors, peut-être aussi, verrons-nous le Tyrannosaure qui sommeille en chacun de nous et demanderons-nous au Seigneur de quelque peu le dompter.
O saint Hubert, Patron des grandes chasses – en vrai chasseur – apprenez-nous à demander de bons yeux !
Amen.

La Toussaint

Solennité de tous les Saints. (1ᵉʳ novembre 1997)

Alors, ouvrant la bouche, il se mit à les instruire. Il disait: "Heureux..."
(Matthieu 5, 1-12)

La fête de la Toussaint est un peu notre fête...
Comme chrétiens, nous sommes invités à vivre de la vie de Dieu, c'est-à-dire, de l'Esprit-Saint...
Bref, à être des "saints...", ceux que le Christ proclame "Heureux".

La première condition, pour devenir – petit à petit – le saint que Dieu rêve pour moi, est d'oser croire que cela est possible dans ma vie et de le désirer.
Trop facilement, nous pensons: "C'est trop beau pour être vrai... Moi, on ne me changera pas !"
Si souvent, nous nous levons le matin en espérant être un homme meilleur que la veille, pour nous coucher le soir sur des regrets, des remords et des rancunes.
Alors, on se décourage et on s'habitue à une certaine tiédeur: "Moi, on ne me changera pas !"

A ce moment-là, il est bon de regarder une icône du Christ et de croire qu'Il me sourit.
Il me demande: "Qu'as-tu à m'offrir ?"
Tout naturellement, on répond: "Oh ! Pas grand-chose... Mises à part quelques bonnes actions et de pauvres qualités de cœur. Je ne suis pas un grand saint, moi."
A ceci, le Seigneur répond: "Offre-moi surtout tes péchés, tes frustrations, tes échecs. Je ne t'aime pas tel que tu rêverais d'être, mais tel que tu es. Inconditionnellement. Et c'est tel que tu es, que je veux faire de toi un saint..., un signe de mon amour pour le monde. Offre-moi ce qui est malade en toi, afin que Je puisse le guérir..., lentement, doucement, patiemment. Si tu oses croire que Je peux faire de toi un saint avec toutes tes pauvretés, heureux es-tu !"

Et cela est possible: les "saints" en sont la preuve.
Ces hommes et ces femmes – connus de l'Eglise ou anonymes – sont autant de "clins-Dieu" que le Père nous adresse...
Sous des visages bien divers, à des époques si différentes, avec des caractères tellement différents, ils nous disent quelque chose du Christ et de Son Evangile.
En effet, rien ne ressemble moins à un saint qu'un autre saint: il n'y a pas de moule !
Sainte Thérèse de Lisieux, la petite carmélite sans instruction, n'est pas saint Thomas d'Aquin, ce grand savant. Pourtant, ils sont tous deux Docteurs de l'Eglise.
Frédéric Ozanam, ce laïc fondateur des conférences de saint Vincent de Paul,

n'est pas François d'Assise, le religieux. Pourtant, tous deux, nous rappellent que les pauvres sont au cœur de l'Eglise.

N'allez surtout pas croire qu'ils seraient sans défauts, misères ou blessures. Simplement, ils sont passionnés de Dieu et cela rayonne de tout ce qu'ils sont ou font.

Voici une histoire, tirée des chroniques de l'Eglise sous la Révolution française.

Dans les campagnes, une vieille paysanne se meurt. Comme on ne trouve pas de prêtre catholique en ce temps de persécution, un prêtre "juré", c'est-à-dire, ayant rallié la cause révolutionnaire contre l'avis du Pape, se présente.

Il la confesse puis lui propose la communion. Elle refuse avec un sourire en disant: "Le pardon du Bon Dieu, vous pouviez me le donner, mais je ne puis recevoir la communion de vos mains, car je ne suis pas en communion avec vous."

L'homme en fut ébranlé. On ne sait ce qu'il fit par la suite, mais un an et demi plus tard, lors du massacre d'une centaine de prêtres à Paris, on le retrouva au nombre des victimes. Il avait donné sa vie pour ne pas renier le Christ.

Cette anecdote montre qu'une pauvre paysanne, sans instruction, peut devenir parole d'Eglise pour un prêtre et qu'un prêtre, considéré comme renégat par sa hiérarchie, peut mourir en martyr pour sa foi.

La communion des saints n'est pas un club pour "super-parfaits".

N'ayons, dès lors, pas peur d'y prendre notre place.

Et n'oublions pas de fêter et de prier tous ces grands frères et sœurs du Ciel qui nous précèdent dans la joie éternelle du Vivant. Ils sont là pour nous épauler le long de la route. Heureux sommes-nous d'appartenir à une telle famille.

Amen.

Journée de prière pour les défunts. (2 novembre 1997)

"Heureux les serviteurs que le maître, à son arrivée, trouvera en train de veiller."
(Luc 12, 35-38)

En ce jour de commémoration de tous les défunts, il y a en la plupart d'entre nous comme un malaise, aussi chrétiens que nous soyons, la mort nous est un déchirement cruel qui choque notre instinct de vie.

Il est vrai que la mort est la chose la plus naturelle qui soit... Je dirais même qu'elle est l'ombre de la vie. Pour vivre, il faut mourir.
L'enfant qui sort du sein de sa mère connaît une première mort: en entrant dans la vie comme être autonome, il meurt à son rêve de vivre en totale symbiose avec sa mère.
Le bébé qui pleure et ne reçoit pas tout de suite son biberon, meurt à la satisfaction immédiate et automatique de ses besoins. Il apprend le temps et la patience.
L'enfant qui entre pour la première fois à l'école meurt au rêve de vivre sans cesse sous le toit maternel. Il entre ainsi dans le monde des hommes.
Et ainsi de suite... Devenir libre et responsable ne peut se faire qu'au travers d'une succession de morts à nous-mêmes afin de vivre authentiquement.
"Si le grain de blé tombé en terre ne meurt pas, il reste seul", nous dit le Christ, "mais s'il meurt, il porte beaucoup de fruits."

Cette libération se poursuit même par-delà notre vie terrestre.
L'Eglise croit en une étape de "purification" du défunt – appelé Purgatoire – afin que celui-ci puisse être préparé à contempler l'infini Amour divin. (Une façon d'éviter un "éblouissement" trop brutal.)
Cela signifie que, même par-delà notre mort biologique, il nous faut continuer à mourir à nous-mêmes.
C'est pourquoi, il est important de prier pour les défunts afin de les soutenir durant cette ultime étape.

La mort est l'ombre de la vie...
Tel un chien, elle suit, à la trace, notre lente mais sûre marche vers la vieillesse...
Il nous faut l'apprivoiser afin de nous préparer au dernier grand passage, ainsi qu'à celui des êtres que nous aimons: "Vous aussi, tenez-vous prêts: c'est à l'heure où vous n'y penserez pas que le Fils de l'homme viendra. (...) Heureux les serviteurs que le maître, à son arrivée, trouvera en train de veiller."

Cependant, même si la mort est un chien qui nous suit en complice, ce chien est toujours quelque part menaçant, car on sait bien qu'à un moment donné, il finira par nous rattraper..., et par mordre.

Quel que soit notre degré de foi, il n'y a pas de honte à reconnaître que la mort fait mal…, surtout quand elle nous frappe dans nos affections les plus chères.

Une dame, dont on enterrait le mari, me confiait un jour: "J'en ai assez d'entendre les gens me dire ton mari est au ciel…, il reste près de toi…, il est heureux là où il est…, etc., etc.… Moi, je constate qu'il n'est plus près de moi le matin quand je me réveille, et cela me révolte de tout mon être."

Je la comprends. La foi des chrétiens ne les détache pas du commun des mortels. Comme la plupart des hommes, nous sommes bien pauvres et démunis face au vide que laissent ceux que nous aimons.

N'ayons pas peur de laisser parler notre révolte, quand elle surgit de nos tripes, ou d'accueillir celle de ceux qui souffrent.

Il est trop facile de s'en tirer en disant: "Tu ne devrais pas parler ainsi. Prie et ça ira mieux !"

Cependant, une fois que la révolte s'est exprimée, essayons de l'offrir au Christ. Car cela aussi, Il est venu le porter avec nous.

Amen.

Trente-deuxième dimanche: Dédicace de la Basilique du Latran.
(8-9 novembre 1997)

"Enlevez cela d'ici. Ne faites pas de la maison de Mon Père, une maison de trafic."
(Jean 2, 13-22)

Une fois n'est pas coutume et pour la première fois, dans ma carrière de curé, je vais vous parler de gros sous. Le plus comique (et ce n'était pas prévu !) est que l'Evangile de ce dimanche parle des marchands du Temple: ***"Ne faites pas de la maison de Mon Père, une maison de trafic !"***, leur lance le Christ... Me voilà prévenu.

Il est vrai que notre paroisse doit être attentive à son rapport à l'argent. Malgré la crise qui frappe partout, notre communauté est plutôt bien nantie par rapport à la moyenne du pays.
Ce n'est pas un péché..., mais une double responsabilité.
La première responsabilité est une invitation à la générosité. Les Conférences de saint Vincent nous l'ont rappelé récemment: il y a tout près de chez nous des familles qui n'ont même pas de quoi se payer le chauffage pour l'hiver. Je vous remercie, car votre générosité s'est toujours vérifiée.
La seconde responsabilité est de ne jamais oublier que la première richesse de notre paroisse est son capital humain ! Je m'explique. Au milieu des "soupersfromage", Fancy-fair et autres ventes de toutes sortes..., pour lesquelles vous êtes sollicités, il y a des familles qui ont du mal à suivre au vu de leur budget familial. Pour ces parents, il est plutôt frustrant de devoir expliquer aux enfants que – contrairement à tous les copains et les copines – on n'ira pas à telle ou telle activité..., parce que ça coûte trop cher.
Je n'ai pas d'autre solution à ce problème (il serait d'ailleurs encore plus humiliant de vouloir "faire la charité" à ces familles) que de rappeler que la première richesse de notre communauté est la présence active de chacun. Oublier cela signifierait... se transformer en marchand du Temple.

Ceci étant dit, si j'ai souhaité vous parler de la situation matérielle de notre paroisse, c'est parce que nous venons de franchir un nouveau cap.
Il y a 20 ans, c'était le 5 novembre 1977, Monseigneur van ZUYLEN, évêque de Liège, inaugurait et consacrait notre église.
Fallait-il la construire, ou non ? C'est un débat du passé. Aujourd'hui, je crois que nous sommes tous heureux d'en profiter.
Il est vrai qu'elle nous a coûté fort cher et que la paroisse s'est, à un moment donné, trouvée en situation de faillite virtuelle. Grâce au génie financier de l'Abbé Paquot, au dévouement sans faille des membres de l'ASBL paroissiale et au soutien de chacun de vous, la situation financière actuelle est saine et fin 1998, nous aurons remboursé la construction de l'église.
Il s'agit désormais de préparer l'avenir.

Nos défis sont de quatre ordres:

1. Tout d'abord, il y a tous ces travaux d'entretien que la paroisse n'a pu se permettre plus tôt, car elle n'en avait pas les moyens. Après 20 ans, certains deviennent urgents. Nous venons de restaurer la vieille tour. Avant 2000, il faudra rénover la toiture de l'ancienne église (salle "Clos du Sart"). Il y a aussi le remplacement des châssis du presbytère qui commencent à rendre l'âme, malgré les rafistolages de génie de notre cellule logistique. Il y a les voûtes de la cave à restaurer, la salle de bain à rénover, l'alimentation électrique à renforcer, l'aménagement du clocher, etc. ... Sans compter toutes les tuiles qui pourront encore nous tomber dessus.

2. Ensuite, il y a les premiers gros frais d'entretien de notre église, frais bien normaux après 20 ans: rénovation de l'orgue, des corniches, remplacement du tapis plain, entretien de la toiture, amélioration de l'éclairage...

3. Puis, il y a la solidarité avec les autres entités chrétiennes du Sart-Tilman.
Il y a l'Ecole Saint Jean-Marie. Elle est un des facteurs majeurs de la présence de tant de jeunes dans notre paroisse. Pour survivre, elle va devoir construire (si vous voulez en savoir plus, prenez, sur la table dans le porche de l'église, le fascicule distribué à tous les parents de l'école). Elle ne pourra le faire sans aide. C'est pourquoi, sous l'impulsion de l'Abbé PAQUOT, la paroisse s'est engagée envers l'école à une donation annuelle entre 2000 et 2027, pour autant que ses recettes le lui permettent. De son côté, l'école met des locaux, bien nécessaires, à la disposition des activités paroissiales.
Il y a aussi les mouvements de jeunesse. L'évolution de notre population et la qualité de leur animation ont pour effet qu'ils ont un succès qui ne cesse de croître. Pour les aider, l'école Saint Jean-Marie met également à leur disposition les locaux dont ils ont tant besoin.

4. Enfin, il y a la solidarité avec les plus démunis (qu'ont en charge les Conférences de saint Vincent), et le soutien aux œuvres de notre Evêque et de l'Eglise universelle (les collectes mensuelles). Il est important que tout cela puisse continuer, voire s'accroître.

Je vous l'ai dit: la situation financière de notre paroisse est saine. Je ne viens donc rien mendier...
Elle est saine, mais loin d'être confortable.
Si nous voulons pouvoir réaliser en 10 ans, la plupart des travaux nécessaires, tout en assumant nos autres engagements, une augmentation de nos ressources annuelles est nécessaire.
De plus, je ne resterai pas éternellement curé du Sart-Tilman. Il est probable que mon successeur aura plusieurs paroisses à sa charge. Dès lors, il ne pourra assumer que 2 célébrations dominicales au Sart-Tilman... d'où, diminution probable de la recette des collectes.

Ma proposition est donc la suivante: je suggère, à la petite centaine de familles qui font vivre notre communauté, de faire – s'ils en ont la possibilité et dans la mesure de leurs moyens – un ordre permanent en faveur des activités paroissiales (paroisse, école, ASBL des mouvements de jeunesse).

Si votre budget familial ne vous permet pas de nous aider de la sorte, je vous rappelle ce que j'ai dit au début. Le simple fait de votre présence chrétienne et alerte à tous, vaut mille fois mieux que toutes les contributions financières à la vie de la paroisse...

Si vous avez les moyens financiers, mais que vous pensez que cette demande d'ordre permanent n'est pas justifiée, je n'en ferai pas une maladie. C'est à chacun de vous de donner à notre communauté chrétienne les moyens nécessaires de vivre financièrement. Si ce moyen-ci ne vous paraît pas le bon, je suis confiant, vous en trouverez bien un autre.

C'est la première et sans doute la dernière fois que je vous parlerai de gros sous. Je pense que j'avais à le faire. Même si l'aspect financier n'est pas – et de loin – premier dans la vie d'une Communauté chrétienne, il en fait néanmoins partie intégrante.

Entre le côté rapace du marchand du Temple et l'angélisme mal placé du chrétien, qui refuse tout rapport à l'argent..., il y a un juste milieu à trouver.

Amen.

Trente-troisième dimanche. (15-16 novembre 1997)

"Le ciel et la terre passeront, Mes paroles ne passeront pas."
(Marc 13, 24-32)

En cette fin d'année liturgique, les lectures nous confrontent à ce qu'on appelait jadis "les fins dernières".

Notre fin de millénaire est propice à cela: on se fait peur en évoquant la "fin du monde" et le grand cataclysme final.

Une aubaine pour les sectes. Jouant sur cette peur et notre besoin d'être sécurisés, elles proposent une assurance "tout-risque" contre le jugement dernier, en échange de la soumission totale, aveugle et imbécile de l'adepte: "Restez chez nous, car dehors c'est le règne du diable. Faites tout ce qu'on vous dit, sinon de terribles choses vous arriveront. Alors seulement, serez-vous sauvés."

Le discours du Christ est d'un tout autre ordre.

Il ne s'agit pas de nous faire peur afin de nous "dociliser". Au contraire, il s'agit de nous responsabiliser afin de nous appeler à vaincre nos peurs.

Nous vivons tous avec nos peurs: peur de l'échec, de l'inconnu, de la solitude, de la souffrance, de la mort...

Pour oublier sa peur, la tentation sera grande de choisir la fuite en avant, c'està-dire, de ne vivre que pour se distraire: "On ne vit qu'une fois ! Profitons-en et amusons-nous... Après nous, le déluge."

Cette fuite est une illusion, car nos peurs nous rattrapent toujours. Fixez le regard d'une personne fort matérialiste et mondaine, vous y lirez un profond désespoir.

Au contraire, le Christ nous invite à regarder nos peurs, bien en face, afin de les dépasser.

Oui, ma vie a une fin... Je suis donc responsable des quelques années que je passe sur cette terre. Je n'ai pas le droit d'en gaspiller un seul jour !

Oui, il y a l'échec, la solitude, la souffrance... Ce n'est, qu'en aidant les autres à porter leur poids de détresse et en acceptant avec simplicité leur aide, que je pourrai grandir dans l'épreuve.

Enfin, oui, notre monde a une fin... ("Quant au jour et à l'heure, nul ne les connaît...")

Ce monde n'est pas Dieu. Il vient de Dieu et retourne à Dieu. Il passera, seules les paroles du Christ ne passeront pas. Je dois, dès lors, ne pas oublier que mes joies terrestres – si légitimes soient-elles – sont transitoires et me tourner vers ce qui est éternel.

C'est parce qu'ils ont oublié ce dernier point, que beaucoup de nos contemporains ne comprennent plus la vie des moines et des moniales dans l'Eglise: "Qu'est-ce que ces filles, trop laides pour se marier, et ces garçons, trop timides pour courir les filles, ont à aller se cacher derrière les murs d'un couvent ? Au moins, s'ils s'occupaient des pauvres, leur vie servirait à quelque chose !"

Les moines ne se cachent pas: ils vivent au cœur de notre humanité, en rappelant à notre monde qu'il est mortel et néanmoins fait pour l'Eternité.

Par le vœu d'obéissance, ils renoncent à diriger leur vie; par le vœu de pauvreté, à profiter des biens terrestres; par le vœu de chasteté, à s'épanouir dans les joies du mariage.

Ce faisant, ils rappellent au monde que pouvoir, richesse et amour – ces trois grands qui mènent la danse de toutes nos intrigues humaines – ne sont que des biens transitoires. A l'instar de notre monde, ils viennent de Dieu et retournent à Dieu.

Pour nous, qui vivons "dans le siècle", ces frères et sœurs cloîtrés sont une invitation à vivre ces valeurs en les reliant au Créateur.

Ce samedi 15, notre paroissienne Sabine a prononcé ses premiers vœux chez les Clarisses de Tinqueux. Pensons à tout cela en priant pour elle.

Quant aux jeunes maghrébins d'Anderlecht et de Droixhe (et sans doute, bientôt nos jeunes "bien de chez nous"), ils nous invitent à craindre un cataclysme bien pire que toutes les fins du monde annoncées par des émules de Nostradamus et autres gourous milliardaires: non pas la fin du monde, mais un monde sans avenir…

En effet, un monde qui va vers sa fin est un monde qui pointe vers l'avenir. Par contre, un monde sans avenir est un monde déjà fini et donc, sans espoir.

Tant de jeunes de nos banlieues pauvres vivent sans espoir. Nous vivons avec la certitude de la mort. Eux vivent une vie qui n'a jamais commencé. Notre monde n'a pas de place pour eux. Ils ont donc le sentiment de ne pas exister.

Des lois plus sévères n'y changeront rien. Ces jeunes ne craignent ni juges ni Dieu, car pour eux le jugement dernier a déjà eu lieu: le paradis que vante le monde de la pub leur est inaccessible, ils ont donc choisi de vivre en enfer.

Là au moins, ils sont quelqu'un.

Amen.

Le Christ Roi.

Trente-quatrième dimanche: Le Christ, Roi de l'Univers.
(22-23 novembre 1997)

"C'est toi qui dis que Je suis roi. Je suis né, Je suis venu dans le monde pour ceci: rendre témoignage à la vérité. Tout homme qui appartient à la vérité écoute Ma voix."
(Jean 18, 33-37)

Etonnant dialogue entre Pilate, l'homme fort de Palestine, qui y représente toute la puissance de l'Empereur, alors maître incontesté du monde, et cet Homme enchaîné qu'on dit être roi.

Et cet Homme enchaîné qu'on dit être roi de répondre à son juge: "C'est toi qui dis que Je suis roi. Je suis né, Je suis venu dans le monde pour ceci: rendre témoignage à la vérité. Tout homme qui appartient à la vérité écoute Ma voix."

Pilate ne comprend pas. Le gouverneur est un politique, un pragmatique, un homme qui a une carrière devant lui. Alors, que peut bien signifier "rendre témoignage à la vérité", surtout quand on est enchaîné pour être mis à mort ?

C'est pourquoi il lance à cet Homme enchaîné, qu'on dit être roi, sur un ton où se mêlent l'ironie et la résignation: "Qu'est-ce que la vérité ?"

Et la Vérité ne lui répondit pas.

La Vérité se trouvait là, en chair et en os, devant le Romain…, mais qu'auraitelle bien pu dire à Pilate ?

Pilate appartient au royaume de ce monde, un monde où la vérité se trouve toujours du bon côté de l'épée, du fusil, de la bombe.

Le Royaume du Christ ne fusille que du regard, le regard de la vérité qui interroge les cœurs.

Qu'est-ce qu'un roi ?

Les politologues nous apprennent que, dans nos sociétés démocratiques, le sens principal d'une monarchie se trouve dans l'attachement qu'une nation peut avoir pour la personne du souverain.

On appréciera l'action politique d'un président, mais on s'attachera – sans idolâtrie – à la personne du roi.

Le régime présidentiel s'adresse plutôt à la raison, la monarchie davantage à l'affection.

Si le roi "incarne" la nation en lui donnant un visage, le Christ, Lui, incarne la vérité qui vient de Dieu, Lui donnant Son visage.

Faire du Christ son roi signifie s'attacher à Sa personne, bien plus encore qu'on ne s'attache à la personne d'un monarque terrestre.

Alors, je commence à ressentir toute Sa tendresse à mon égard (pensez à l'icône dans notre église) et Je n'ai plus peur qu'Il pose Son regard de majesté et de vérité sur tout mon être.

Ce regard déshabille et décape, mais c'est le regard d'un Ami. Un regard qui guérit.

Combien de chrétiens ne vivent pas enfermés dans des sentiments de culpabilité envers eux-mêmes, et de jugement à l'emporte-pièce envers les autres ?
Les psychologues nous l'apprennent. Ce faisant, ils projettent sur le Christ le regard courroucé d'un père autoritaire, les larmes dans les yeux d'une maman protectrice et anxieuse ou les yeux inquisiteurs de quelque curé ou religieuse de leur enfance.
Tout cela n'a rien à voir avec le regard du Christ !
Le regard du Christ est sans complaisance, mais il est plein de miséricorde.

La sagesse populaire se trompe quand elle affirme: "Il n'y a que la vérité qui blesse."
Le regard du Christ est celui de la vérité faite homme, non pas pour blesser, mais pour guérir et faire grandir.
Par ce dimanche du Christ-Roi, nous achevons cette année liturgique consacrée au Christ. Avec l'Avent, nous entrerons dans l'année dédiée à l'Esprit.
Pour accueillir l'Esprit de Liberté, attachons-nous à la Vérité.
En Jésus-Christ, cette Vérité a pris un visage et ce visage nous regarde.
Ce regard est celui d'un Ami. Que cet Ami soit Roi de toute notre vie !
Amen.

Oui, je veux morebooks!

i want morebooks!

Buy your books fast and straightforward online - at one of world's fastest growing online book stores! Environmentally sound due to Print-on-Demand technologies.

Buy your books online at
www.get-morebooks.com

Achetez vos livres en ligne, vite et bien, sur l'une des librairies en ligne les plus performantes au monde!
En protégeant nos ressources et notre environnement grâce à l'impression à la demande.

La librairie en ligne pour acheter plus vite
www.morebooks.fr

VDM Verlagsservicegesellschaft mbH
Heinrich-Böcking-Str. 6-8   Telefon: +49 681 3720 174   info@vdm-vsg.de
D - 66121 Saarbrücken   Telefax: +49 681 3720 1749   www.vdm-vsg.de

www.ingramcontent.com/pod-product-compliance
Lightning Source LLC
Chambersburg PA
CBHW020809160426
43192CB00006B/502